Die Aufgaben der Staatsprüfung für den höheren Justiz- und Verwaltungsdienst im Königreich Bayern.

1912.

Mit amtlicher Erlaubnis.

München 1913.
J. Schweitzer Verlag (Arthur Sellier).

Die
Staatskonkurs-Aufgaben
im Jahre
1912.

Inhalt.

pfändete der Gerichtsvollzieher Hart das Lehrbuch des Kontrapunkts zugunsten des Wirtes Bierlein auf Grund eines Vollstreckungsbefehls, der dem Karg am 26. Februar 1912 zugestellt worden war. Karg widersprach der Pfändung nicht.

Am 1. März 1912 starb Karg an einem Schlaganfall. Eine letztwillige Verfügung lag nicht vor; die gesetzlichen Erben waren nicht bekannt. Das Nachlaßgericht bestellte den Rechtspraktikanten Tätig als Nachlaßpfleger. Dieser deckte aus dem wenigen Bargelde, das er vorfand, die Beerdigungskosten und verhandelte dann am 7. März mit Broder wegen seiner Forderungen. Dieser hatte Klavier und Noten bald nach dem Tode des Karg dadurch in Besitz genommen, daß er das Zimmer absperrte und den Schlüssel einsteckte. Tätig behielt sich vor, noch genau zu prüfen, ob Karg wirklich niemals Hauszins bezahlt habe; er erklärte ferner, daß er ein Pfandrecht des Broder an den von Karg eingebrachten Sachen nicht anerkennen könne. Nach einigem Hin- und Herreden erlaubte Broder dem Pfleger, die noch nicht gepfändeten Nachlaß-Sachen in Besitz zu nehmen, verwahrte sich aber dagegen, daß daraus ein Verzicht auf sein Pfandrecht oder sonstiges Vorzugsrecht gefolgert werde. Tätig beauftragte den auf dem gleichen Gange wohnenden Monteur Schwarz, die Sachen für ihn zu überwachen; er gedachte, sie nach einigen Tagen wegschaffen und versteigern zu lassen.

Am 14. März 1912 erschien der Gerichtsvollzieher Streng wieder; er pfändete trotz des Widerspruchs des Broder und des Schwarz das Klavier und die Notenhefte für Röcklein. Als der Nachlaßpfleger das erfuhr, erhob er beim Vollstreckungsgericht Einwendungen gegen die Art und Weise der Zwangsvollstreckung. Er erklärte, es sei in seinen Besitz eingegriffen worden, obwohl keine Vollstreckungsklausel gegen ihn erteilt und der Vollstreckungstitel ihm nicht zugestellt worden sei; Klavier und Hefte seien unpfändbar; der Anspruch des Röcklein könne auch nicht geltend gemacht werden, solange nicht der Erbe ermittelt sei und die Erbschaft angenommen habe.

Am 16. März 1912 stellte Broder zum Amtsgerichte Klage gegen Röcklein, Bierling und gegen den Nachlaßpfleger als Vertreter der unbekannten Erben. Der Klagantrag lautete: Röcklein und Bierling seien schuldig, seinen Anspruch auf vorzugsweise Befriedigung aus dem Erlöse der gepfändeten Sachen anzuerkennen: der Nachlaßpfleger habe anzuerkennen, daß Broder berechtigt sei, sich aus dem Erlöse der Sachen für seine Mietzinsforderung zu befriedigen. Die Klage war damit begründet, daß dem Broder ein gesetzliches und vertragsmäßiges Pfand- und Zurückbehaltungsrecht an dem Klavier, den Noten und dem Lehrbuche zustehe. Die Pfändung für Bierling sei übrigens auch unrechtmäßig erfolgt und Karg habe den Rechten Dritter nicht dadurch vorgreifen können, daß er den Widerspruch unterlassen habe.

Am 23. März 1912 wurde über die Klage mündlich verhandelt. Über die Einwendungen des Nachlaßpflegers gegen die Vollstreckung war damals noch nicht entschieden. Die Beklagten beantragten, die Klage abzuweisen. Sie bestritten, daß Broder ein gesetzliches Pfandrecht habe, und bezeichneten die schriftliche Erklärung des Karg vom 3. Februar 1912 als rechtlich bedeutungslos.

Während einer Pause in der Verhandlung erschien im Gerichtssaale der Privatier Peter Karg von Grasheim, ein Bruder des Hans Karg, der am Morgen in Bellhausen angekommen und von dem Monteur Schwarz über die Vorgänge seit dem Tode seines Bruders unterrichtet worden war. Er wies sich gegenüber dem Nachlaßpfleger und gegenüber Broder über seine Persönlichkeit aus und überreichte dem Pfleger mehrere standesamtliche Urkunden, auf Grund deren er die Erbschaft in Anspruch nahm. Nach der Wiederaufnahme der Verhandlung überreichte Tätig diese Urkunden dem Amtsrichter; er erklärte, er habe sich von der Richtigkeit der Angaben des Peter Karg überzeugt und habe nun keinen Anlaß, weiter zu verhandeln, da der Erbe ermittelt sei und die Erbschaft annehme. Er verließ hierauf den Gerichtssaal. Broder prüfte die Urkunden, die ihm der Amtsrichter vorzeigte, und erklärte: daß Peter

Karg der Alleinerbe des Hans Karg geworden sei, könne und wolle er nicht bestreiten. Dagegen könne er die Form seines Eintritts in den Rechtsstreit nicht als zulässig anerkennen; er beantrage, Versäumnisurteil zu erlassen. Peter Karg trat diesem Antrage mit der Begründung entgegen, daß er seine Verfügungsgewalt über den Nachlaß nachgewiesen habe, die Broder ja anscheinend gar nicht bezweifeln wolle; die Klage sei übrigens auch sachlich nicht begründet. Röcklein und Bierling wiederholten ihre früheren Anträge und Ausführungen.

1. Sind die Einwendungen des Nachlaßpflegers gegen die Pfändung vom 14. März 1912 zulässig und begründet?
2. Welche Entscheidung ist auf Grund der Hauptverhandlung vom 23. März 1912 in dem Rechtsstreite des Broder gegen Röcklein, Bierling und den Nachlaßpfleger zu fällen?

Die Antworten sind zu begründen. Dabei sind die gesetzlichen Vorschriften anzuführen und alle Rechtsausführungen der Beteiligten zu prüfen.

---

2. Aufgabe.

(Aufgabe mit vierstündiger Arbeitsfrist.)

Die Taglöhnerswitwe Walburga Kräutler in Altenmarkt betrieb dort seit dem letzten Lebensjahre ihres im Jahre 1905 gestorbenen ersten Mannes den Kleinhandel mit Lebensmitteln. Einen Teil der Waren bezog sie von dem Händler Daniel Drucker in Stockdorf. Das Gemüse baute sie auf ihrem Garten Pl.Nr. 718 der Steuergemeinde Altenmarkt, den sie noch zu Lebzeiten ihres ersten Mannes aus den Erträgnissen ihres Geschäftes gekauft hatte. Im Grundbuch ist sie als Alleineigentümerin des Gartens eingetragen.

Im Mai 1908 heiratete die Kräutler den Gemeindediener Vitus Spieß in Altenmarkt. Einen Ehevertrag gingen beide nicht ein. Auch in der ersten, im Jahre 1901 geschlossenen Ehe der Kräutler hatte ein solcher nicht bestanden.

Am 22. März 1912 erklärte der Händler Daniel Drucker Folgendes zum Protokolle des Gerichtsschreibers des Amtsgerichts Altenmarkt:

„Die Händlerin Walburga Spieß, verwitwete Kräutler, hier schuldet mir laut Unterschrift in dem hiermit vorgelegten Aufschreibbuche seit 1905 für Hühner und Eier im ganzen 300 ℳ. Weitere 300 ℳ habe ich ihr am 1. März 1909 auf ihre Bitte geliehen, weil sie einem Patenkind aushelfen wollte. Die Spieß hat nach verlässigen Nachrichten ihr Geschäft vom 1. April ds. Js. an den Italiener R. Frutti verkauft und will von hier wegziehen. Nach dem übergebenen Schuldschein ist deshalb der Betrag von 300 ℳ ohne Mahnung fällig. Ich muß jedoch fürchten, ohne raschen Zugriff leer auszugehen, denn nach den übergebenen eidesstattlichen Versicherungen zweier Nachbarinnen hat die Spieß wiederholt erklärt, mir gebe sie beim Verkaufe nichts und auf ihren unbelasteten Garten nehme sie soviel auf, daß niemand etwas bekomme. Ich beantrage zugunsten meiner Gesamtforderung von 600 ℳ nebst 4% Zinsen aus 300 ℳ seit dem 1. März 1909 und eines Kostenanschlags von 60 ℳ dinglichen Arrest in das bewegliche und unbewegliche Vermögen der Spieß zu erlassen. Ferner beantrage ich die Akten an das Grundbuchamt zur Eintragung der entsprechenden Arresthypothek auf Pl.Nr. 718 der Steuergemeinde Altenmarkt zu übersenden und Ausfertigung des Arrestes an den hiesigen Gerichtsvollzieher zur schleunigen Zustellung und Vollstreckung zu leiten.

L. U. Daniel Drucker."

Der übergebene Schuldschein lautete:

„Altenmarkt am 1. März 1909.

Herr Drucker hat mir heute 300 ℳ geliehen, die ich ihm mit Zins ab heute, spätestens bei der Geschäftsaufgabe

heimzahle; andernfalls darf er sich aus dem Geschäft ohne Gericht bezahlt machen. Meinen Mann geht das Geld nichts an.

Walburga Spieß."

Das Amtsgericht erließ am gleichen Tage folgenden Arrestbefehl:

I. Auf den Antrag des Händlers Daniel Drucker in Stockdorf wird für dessen Guthaben zu 600 ℳ nebst 4% Zinsen aus 300 ℳ ab 1. März 1909 und 60 ℳ Kostenanschlag dinglicher Arrest in das Vermögen der Schuldnerin Walburga Spieß, Händlerin in Altenmarkt, angeordnet; Abwendungssumme 800 ℳ.

II. Die Kosten trägt Walburga Spieß.

Schnell, K. Amtsrichter.

Dem Arrestbefehle folgt die „Verfügung" des Amtsrichters:

1. Zur Gerichtsschreiberei.
2. Zum Grundbuchamte.

Der Gerichtsschreiber stellte den Arrestbefehl dem Drucker von Amts wegen in Ausfertigung zu und übersandte dem Gerichtsvollzieher Ausfertigung des Arrestbefehls zur Zustellung an die Schuldnerin und zur Zwangsvollstreckung. Dann leitete er die Akten an das Grundbuchamt, wo der Amtsrichter Schnell für den beurlaubten Grundbuchbeamten tätig war. Schnell trug auf der Pl.Nr. 718 Sicherungshypothek für den Betrag von 800 ℳ ein und benachrichtigte ordnungsmäßig die Beteiligten.

Am 22. März nachm. begab sich der Gerichtsvollzieher in die Wohnung der Eheleute Spieß. Da er die Frau nicht antraf, stellte er ersatzweise dem Manne beglaubigte Abschrift des Arrestbefehls zu und forderte ihn auf, die pfändbare Habe seiner Frau vorzuzeigen. Spieß brachte zunächst zwei Hundertmarknoten herbei und bemerkte, der Betrag gehöre der Frau, zahlen wolle er damit nichts für sie, aber hinterlegen wolle er die Banknoten, damit der Arrest wenigstens teilweise nicht vollzogen werde. Der

Gerichtsvollzieher nahm die Banknoten zur Hinterlegung an und fügte bei, er werde die Hinterlegung sobald als möglich besorgen; die Pfändung beschränke sich auf den Restbetrag. Spieß legte darauf dem Gerichtsvollzieher einen auf den Namen seiner Frau lautenden Anteilschein über einen Geschäftsanteil von 100 ℳ an der Altenmarkter Spar- und Kreditkasse, eingetragenen Genossenschaft mit beschränkter Haftpflicht, vor. Die Einzahlungen auf den Anteil hatte die Frau im Jahre 1911 aus ihrer Geschäftskasse bestritten. Der Gerichtsvollzieher erklärte dieses Papier für gepfändet und nahm es an sich. Von weiteren Pfändungen mußte er mangels pfändbarer Habe absehen.

Nach der Rückkehr in das Gerichtsgebäude hinterlegte der Gerichtsvollzieher bei dem Amtsgerichte die 200 ℳ und beantragte schriftlich „die Aufhebung des Arrestes auf diesen Betrag".

Am 23. März 1912 traf bei dem Amtsgerichte folgendes Schreiben ein:

„Gegen die gestrige Pfändung protestiere ich, weil dies ohne Klage und Urteil nicht statthaft ist und mein Mann nicht wußte, daß er nach dem Ehegesetz solches nicht zu dulden braucht. Das Geschäft gehört jetzt dem Herrn Frutti, der zahlt alle Gläubiger aus. Wenn ich gesagt habe, der Drucker bekommt nichts, so habe ich bloß Spaß gemacht. Er darf auch nicht neben dem Garten noch meinen Anteilschein pfänden.

Walburga Spieß.
Vitus Spieß."

Das Amtsgericht setzte hierauf „zur mündlichen Verhandlung über den Widerspruch und die Einwendungen der Eheleute Spieß" Termin auf den 28. März 1912, den nächsten ordentlichen Sitzungstag, an und lud von Amts wegen die Eheleute Spieß und den Gläubiger Drucker, diesen unter Mitteilung einer beglaubigten Abschrift des Schreibens der Eheleute Spieß.

Mittlerweile war der Grundbuchbeamte aus dem Urlaube zurückgekehrt. Bei der Prüfung der Einträge wäh-

rend des Urlaubs fiel ihm die Arresthypothek für Drucker auf. Er sah die Akten durch und trug dann zur Arresthypothek von Amts wegen einen Widerspruch ein, weil das Arrestgericht, wie sich aus der Ausnahmevorschrift des § 941 ZPO. ergebe, nicht befugt gewesen sei, das Grundbuchamt um die Eintragung zu ersuchen.

Zur Verhandlung vom 28. März fand sich für Drucker der gehörig bevollmächtigte Rechtsanwalt Scharf ein. Walburga Spieß war mit dem Rechtsanwalte Brumm erschienen, der Vollmacht der Eheleute Spieß vorlegte und als Zeugen den Händler Frutti mitbrachte.

Der Rechtsanwalt Brumm führte namens der Schuldnerin Folgendes aus:

Es fehle jede Verlustgefahr. Walburga Spieß erkenne die Forderung des Drucker an und sei bereit zu zahlen, sobald sie ihr Geld von Frutti bekomme; außerdem habe ja der Mann Vermögen. Der Arrest sei also als unbegründet aufzuheben. Vorsorglich wiederhole er im Hinblick auf § 934 der ZPO. den Antrag des Gerichtsvollziehers auf teilweise Aufhebung des Arrestes wegen Hinterlegung. Unter allen Umständen müsse die Pfändung des Anteilscheines als gesetzwidrig aufgehoben werden. Er beziehe sich hierwegen auf die Eingabe der Eheleute Spieß, deren Inhalt er sich aneigne.

Der Rechtsanwalt Scharf beantragte die Abweisung der Anträge des Gegners und die Erlassung eines Anerkenntnisurteils zur Hauptsache. Der Arrest sei nicht deshalb hinfällig, weil die Schuldnerin jetzt Zahlung verspreche. Die Bemängelung der Pfändung sei unverständlich. Den Ehemann Spieß gehe die Pfändung nichts an, weil es sich um Schulden einer Geschäftsfrau und teilweise sogar um voreheliche Schulden handle.

Der Rechtsanwalt Brumm verwahrte sich gegen die Erlassung des Anerkenntnisurteils, weil darin eine unzulässige Klagänderung liege.

Hierauf gab der beeidigte Zeuge Frutti zur Sache Folgendes an:

„Ich habe das Geschäft der Spieß am 10. März 1912 um 500 ℳ, zahlbar 1. Juli 1912 gekauft; der Mann war einverstanden. Ich betreibe seitdem das Geschäft auf eigene Rechnung, die Spieß hilft nur noch unentgeltlich aus, um mich der Kundschaft vorzustellen. Ihre Schulden habe ich nicht übernommen. Wenn mich die Spieß anweist, die 500 ℳ an Drucker zu zahlen, werde ich es tun, sobald der Betrag fällig ist. Richtig ist, daß sie zu mir gesagt hat, Drucker solle nichts bekommen; sobald sie das Geld habe, ziehe sie nach Österreich. Für einen Spaß habe ich dies nicht gehalten. Den Garten habe ich nicht gekauft; die Spieß hat dafür einen anderen Käufer in Aussicht."

In der weiteren Verhandlung beantragte der Rechtsanwalt Scharf noch, die Walburga Spieß zu verurteilen, daß sie die Löschung des Widerspruchs gegen die Arresthypothek bewillige. Der Widerspruch sei mit Unrecht eingetragen worden; durch die Eintragung der Hypothek sei das Grundbuch auf keinen Fall unrichtig geworden, denn der Arrestgläubiger Drucker habe ein gesetzliches Recht auf eine Arresthypothek.

Der Rechtsanwalt Brumm beantragte die Abweisung dieses Antrags, gegen den er formell nichts einwenden wolle. Drucker habe zur Eintragung der Hypothek nicht den richtigen Weg eingeschlagen; auf jeden Fall könne Drucker gegen den Widerspruch nur nach den Vorschriften des Grundbuchrechtes vorgehen. Zudem könne der Gegner nicht behaupten, daß Vitus Spieß die Eintragung der Arresthypothek irgendwie genehmigt habe.

Wie hat das Amtsgericht zu entscheiden?

Die Aussage des Zeugen ist dabei als richtig anzunehmen.

Die Antworten sind unter Anführung der gesetzlichen Vorschriften und Würdigung aller von den Rechtsanwälten geltend gemachten Gesichtspunkte kurz zu begründen.

Auf den Kostenpunkt ist keine Rücksicht zu nehmen.

3. Aufgabe.

(Aufgabe mit vierstündiger Arbeitsfrist.)

Der Ziegeleibesitzer Otto Trinkel in Altenstadt, Amtsgerichts Steinheim, in dessen Bezirk das Grundbuch seit 1. Mai 1905 angelegt ist, schloß am 1. Juli 1910 mit Nora Scharf, Tochter der Privatierswitwe Eva Scharf in Münzheim die Ehe; sie hatten mit notarieller Urkunde Gütertrennung vereinbart und nahmen ihren Wohnsitz in Altenstadt, wo Trinkel ein Wohnhaus Pl.-Nr. 618 mit Ziegeleigebäuden besaß. Das Anwesen war belastet mit einer Hypothek ohne Brief für 120000 ℳ Annuitätenkapital der neuen Vereinsbank an erster Stelle, einer Sicherungshypothek bis zum Höchstbetrage von 30000 ℳ für den Bankier Reich in Münzheim an zweiter Stelle und einer Hypothek ohne Brief für 2000 ℳ Darlehen des Kaufmanns Johann Ehrlich in Münzheim an dritter Stelle.

Trinkel erhielt im Herbste 1910 von seiner Schwiegermutter Eva Scharf zur Vergrößerung des Ziegeleibetriebs ein mit 4% verzinsliches Darlehen von 20000 ℳ, für das er auf seinem Anwesen Hypothek ohne Brief bestellte, die am 10. Januar 1911 eingetragen wurde.

Die Hoffnungen, die Trinkel auf die Betriebserweiterung gesetzt hatte, erfüllten sich nicht; er mußte sich nach anderen Betriebsmitteln umsehen. Privatier Müller in Leisten zahlte ihm am 15. April 1911 ein Darlehen von 3000 ℳ aus, nachdem sich Eva Scharf samtverbindlich mit ihrem Schwiegersohn Trinkel dem Müller gegenüber zur pünktlichen Rückzahlung des Darlehens verpflichtet hatte. Dabei wurde vereinbart, daß 1000 ℳ am 15. Juni 1911 und der Rest am 15. Dezember 1911 zurückbezahlt werden müssen. Trinkel hat sich Eva Scharf gegenüber verpflichtet, sie bei einer etwaigen Inanspruchnahme schadlos zu halten. Am 18. April 1911 wurde für das Darlehen Müllers von 3000 ℳ auf dem Trinkelschen Anwesen Hypothek ohne Brief eingetragen und zugleich eingeschrieben, daß Ehrlich mit seiner Hypothek zu 2000 ℳ im Range hinter die Hypothek des Müller zurücktrete.

Mit notarieller Urkunde vom 20. Mai 1911 trat Müller von seiner Hypothekenforderung zu 3000 ℳ den Betrag von 2400 ℳ im Gleichrang mit der Resthypothek an den Kaufmann Friedrich Kurz in Münzheim erfüllungshalber ab. Das Grundbuchamt lehnte den Antrag auf Eintragung mit Beschluß vom 22. Mai 1911 ab, weil nicht ersichtlich sei, wie sich die durch die Abtretung entstehenden Teilhypotheken auf die verschieden fälligen Teilbeträge der Hypothek verteilen. In einer notariellen Nachtragsurkunde vom 25. Mai 1911 ergänzte Müller seine Erklärung dahin, daß der an Kurz abgetretene Betrag, wie von allem Anfang an ausgemacht, die am 15. Juni 1911 fälligen 1000 ℳ in sich schließe. Die Urkunde ging am 26. Mai 1911 beim Grundbuchamt ein; am 29. Mai 1911 wurde antragsgemäß Abtretung mit Rangbestimmung eingetragen. Schon am 24. Mai 1911 war über das Vermögen des Müller das Konkursverfahren eröffnet worden; die Eröffnung, von der Kurz zufällig am 27. Mai 1911 Kenntnis erhalten hatte, wurde vorschriftsgemäß bekannt gemacht; dagegen wurde versäumt, die Konkurseröffnung im Grundbuch bei der Hypothek des Müller zu vermerken.

Trinkels Verhältnisse gestalteten sich zusehends schlechter. Am 15. Juni 1911, als Trinkel die an diesem Tage fälligen 1000 ℳ des Kurz nicht bezahlen konnte, befriedigte Eva Scharf den Kurz aus eigenen Mitteln gegen Aushändigung einer notariell beglaubigten Quittung.

Am 1. Juli 1911 wollte Trinkel seine Schwiegermutter neuerdings um Geld angehen; er fand die Vorplatztüre offen stehen, traf in der Wohnung jedoch niemand an und eignete sich rasch entschlossen eine im Wohnzimmer stehende Kassette an, mit der er sich sofort wieder entfernte. Als er die Kassette zu Hause erbrach, fand er darin nur eine goldene Damenuhr, die Eva Scharf am 3. Juli 1910 in Münzheim auf der Straße gefunden und am 5. Juli 1910 bei der Polizei als Fundgegenstand gemeldet hatte.

Trinkel schenkte die Uhr am 13. Juli 1911 einer Bekannten, der Volkssängerin Eugenie Frei in Altenstadt,

wobei er angab, daß er die Uhr vor mehreren Jahren für sich gekauft habe. Frei verkaufte noch am gleichen Tage im Einverständnis mit Trinkel die Uhr an den Tändler Schlau, der sie in seine Auslage legte. Dort wurde sie 2 Tage später zufällig von der Ladnerin Margarete Süß entdeckt, die selbst die Uhr, ein Erbstück ihrer Eltern, verloren, es jedoch unterlassen hatte, den Verlust anzuzeigen, weil sie sich davon keinen Erfolg versprach. Süß ging nun sofort mit einer Freundin als Zeugin zu Schlau und verlangte von ihm die kostenlose Aushändigung der Uhr, wozu sich Schlau in dem Glauben, daß er dazu verpflichtet sei, schließlich auch herbeiließ.

Auf Grund eines vollstreckbaren Schuldtitels zugunsten der rückständigen Zinsen aus ihrer Hypothek zu 20000 ℳ erwirkte Eva Scharf am 1. August 1911 die Beschlagnahme des Trinkelschen Anwesens zum Zwecke der Zwangsversteigerung. Sie erkundigte sich bei dem Bankier Reich, bis zu welchem Betrage er aus der Höchstbetragshypothek zu 30000 ℳ Sicherung beanspruche. Reich erwiderte, daß diese Sicherungshypothek zwar bis zum vollen Betrage von 30000 ℳ erschöpft sei, die Ehefrau Trinkels aber erst in den jüngsten Tagen 5000 ℳ in Wertpapieren als offenes Depot bei ihm hinterlegt habe, die ihm auch gut seien, so daß er für diesen Betrag auf die Hypothek verzichte, was er in notariell beglaubigter Urkunde dem Grundbuchamt gegenüber erklärt habe. Der Verzicht wurde am 10. August 1911 in das Grundbuch eingetragen. Bei der Feststellung des geringsten Gebots auf 153500 ℳ wurde die Hypothek jedoch in ihrem Höchstbetrage eingesetzt. Eva Scharf war der Ansicht, daß dies nur eine Förmlichkeit sei und bei der Verteilung des Versteigerungserlöses nur die 25000 ℳ des Reich, nicht die weiteren 5000 ℳ Berücksichtigung finden könnten. Wie von ihr wurde auch von den anderen Beteiligten gegen die Festsetzung des geringsten Gebots keine Erinnerung erhoben. Im Versteigerungstermin vom 2. Oktober 1911 blieb Eva Scharf mit 153500 ℳ Meistbietender; durch sofort verkündeten Beschluß wurde ihr der Zuschlag erteilt.

Im Verteilungstermin vom 28. Oktober 1911 wurde nach Berücksichtigung der bevorzugten Forderungen und der ersten Hypothek die Höchstbetragshypothek zu 30000 ℳ ihrem ganzen Umfange nach in den Teilungsplan eingesetzt; hiervon wurden 25000 ℳ dem Reich, 5000 ℳ dem Schuldner Trinkel zugewiesen. Außerdem wurden dem Privatier Müller 600 ℳ und dem Kaufmann Kurz 1400 ℳ zugeteilt.

Gegen den Teilungsplan erhob zunächst Rechtsanwalt Schlank namens der Ersteherin Eva Scharf Widerspruch, weil dem Schuldner Otto Trinkel ein Anspruch auf die infolge des Verzichts des Reich freigewordenen 5000 ℳ der Höchstbetragshypothek zu 30000 ℳ nicht zustehe. Der Kaufmann Ehrlich erklärte, daß er sich diesem Widerspruch anschließe, da auch er durch die Begünstigung des Schuldners benachteiligt sei. Ferner erhob Rechtsanwalt Schneider als Verwalter im Konkurse des Privatiers Müller Widerspruch gegen die an Kurz erfolgte Zuteilung der 1400 ℳ. Er beanspruchte diesen Betrag für den Gemeinschuldner Müller, weil die Abtretung der Teilhypothek an Kurz infolge der Konkurseröffnung unwirksam sei. Endlich erklärte Rechtsanwalt Schlank, daß auch er namens der Eva Scharf gegen die Einstellung der 1400 ℳ für Kurz, aber auch gegen die Einstellung der 600 ℳ für Müller Widerspruch erheben müsse, weil Eva Scharf bei Verteilung des auf die Teilhypotheken des Müller und des Kurz entfallenden Betrags von 2000 ℳ zu berücksichtigen gewesen wäre; Frau Scharf habe von der Eröffnung des Konkurses über das Vermögen des Privatiers Müller bisher keine Kenntnis erhalten und im Vertrauen auf die Richtigkeit des Grundbuchs die am 15. Juni 1911 fälligen 1000 ℳ an Kurz bezahlt, wie die notariell beglaubigte Quittung des Kurz ausweise. Die Widersprüche wurden von den Beteiligten als begründet nicht anerkannt.

Am 27. Dezember 1911 starb Nora Trinkel mit Hinterlassung eines Testaments, in welchem sie ihre Mutter Eva Scharf als Alleinerbin eingesetzt hatte. Eva Scharf erfuhr nun, daß ihr Otto Trinkel seinerzeit die Kassette

entwendet hatte; sie ließ, nachdem sie sich über den Verbleib der Uhr unterrichtet hatte, gegen Süß Klage einreichen.

I. Ist der Anspruch der Eva Scharf gegen Margarete Süß auf Herausgabe der Uhr rechtlich begründet?

II. Wie sind die gegen den Teilungsplan im Termine vom 28. Oktober 1911 erhobenen Widersprüche

1. der Eva Scharf
   a) wegen Zuweisung der 5000 ℳ an Otto Trinkel,
   b) wegen Einstellung der 1400 ℳ für Kurz und der 600 ℳ für Müller,
2. des Johann Ehrlich wegen Einstellung der 5000 ℳ für Otto Trinkel,
3. des Konkursverwalters Schneider wegen Einstellung der 1400 ℳ für Kurz

rechtlich zu beurteilen?

Das tatsächliche Vorbringen ist als zugestanden anzunehmen. Die Antworten sind unter Anführung der gesetzlichen Vorschriften kurz zu begründen.

---

4. Aufgabe.

(Aufgabe mit vierstündiger Arbeitsfrist.)

Anfangs Juli 1908 schlossen die am 1. Januar 1890 geborene Klara Beck und der Bankier Karl Kern die Ehe und vereinbarten rechtswirksam allgemeine Gütergemeinschaft. Zu Weihnachten 1908 schenkte die Mutter der Klara Kern dieser ein Los. Das Los wurde am 1. Juli 1909 mit einem Gewinne von 1600 ℳ gezogen. Klara Kern verheimlichte dies ihrem Manne und lieh die 1600 ℳ am 1. November 1909 auf ein Jahr ihrem Bruder Fritz Beck. Am 1. November 1910 vereinbarten die Geschwister, daß das Darlehen erst am 1. November 1911 zurückgezahlt werden solle. Hierbei verbürgte sich Paul Wend schriftlich

für die Darlehensschuld. Gleichzeitig verbürgte sich Klara Kern schriftlich für ein am 1. Oktober 1911 fälliges Darlehen von 1000 M, das ihr Bruder dem Wend schuldete. Am 30. August 1911 wurde über das Vermögen des Fritz Beck das Konkursverfahren eröffnet. Einige Tage darauf starb Wend. Er wurde kraft Testaments von den im gesetzlichen Güterrechte lebenden Eheleuten Hans und Berta Blank je zur Hälfte beerbt. Diese nahmen die Erbschaft an und teilten den Aktivnachlaß. Nun verlangte Klara Kern, obwohl sie den ihr von Wend ausgestellten Bürgschaftsschein nicht auffinden konnte, von den Eheleuten Blank Zahlung der 1600 M, jedoch vergeblich. Jetzt erst teilte sie ihre Handlungen, von denen auch ihr früherer gesetzlicher Vertreter keine Kenntnis gehabt hatte, ihrem Manne mit. Dieser erklärte seiner Frau, daß er im Interesse seines geschäftlichen Rufes die Dinge so, wie sie lägen, hinnehmen müsse und daß er alles in Ordnung zu bringen suchen werde. Er forderte hierauf in eigenem Namen von den Eheleuten Blank Zahlung der 1600 M.

Da Zahlung nicht erfolgte, erhob Rechtsanwalt Klug als Anwalt des Karl Kern am 14. Dezember 1911 bei dem zuständigen Landgerichte Klage gegen die Eheleute Blank mit dem Antrage, die Beklagten samtverbindlich zur Zahlung von 1600 M an den Kläger und den Hans Blank zur Duldung der Zwangsvollstreckung in das eingebrachte Gut seiner Ehefrau zu verurteilen. Die Klage wurde auf die Übernahme der Bürgschaft durch Wend und auf die Erbeneigenschaft der Beklagten gestützt. In der mündlichen Verhandlung wiederholte Rechtsanwalt Klug Klageantrag und Begründung.

Der Anwalt der Beklagten Rechtsanwalt Bill beantragte Abweisung der Klage. Er bestritt den Klageanspruch nach Grund und Höhe und führte weiter aus: daß Klara Kern ihrem Bruder 1600 M geliehen habe, werde zwar nicht bestritten, allein Wend habe sich nicht verbürgt, sondern nur einmal davon gesprochen, daß er für eine Schuld des Fritz Beck zu 1000 M gutstehen solle. Sollte Wend dies wirklich getan haben, so könne es sich nur um eine

Bürgschaft in der Höhe von 1000 ℳ handeln. Aber auch eine solche bestehe nicht, weil Klara Kern wegen Minderjährigkeit und Mangels Zustimmung ihres Mannes weder einen gültigen Darlehensvertrag noch einen gültigen Bürgschaftsvertrag habe schließen können. Die Klage gegen Berta Blank müsse schon deshalb abgewiesen werden, weil das, was die Beklagte ererbt habe, zum eingebrachten Gute gehöre und nur der Ehemann zur Führung von Rechtsstreiten in Ansehung des eingebrachten Gutes befugt sei. Auch sei eine Gesamthaftung der Beklagten nicht begründet. Endlich werde für den Fall, daß die Klage als begründet erachtet werde, mit der Bürgschaftsschuld der Klara Kern aufgerechnet.

Rechtsanwalt Klug erklärte, daß die Bürgschaftserklärung der Klara Kern mangels Zustimmung ihres Mannes unwirksam sei und Kläger eine Haftung des Gesamtguts und seiner Person für Schulden seiner Frau ablehne. Er benannte für die Tatsache der Bürgschaftsübernahme durch Wend die Klara Kern als Zeugin. Sie wurde unbeeidigt vernommen und bestätigte den Beweissatz.

Das Landgericht wies mit Urteil vom 2. April 1912 die Klage als unbegründet ab, weil eine Bürgschaftsübernahme durch Wend nicht genügend bewiesen sei.

Gegen das Urteil legte der Kläger Berufung ein.

Durch rechtskräftiges Urteil vom 10. Juni 1912 wurde die Ehe des Karl und der Klara Kern geschieden. Schon am 3. Juni 1912 hatten Karl und Klara Kern durch notariellen Vertrag die Aufhebung der allgemeinen Gütergemeinschaft und ferner vereinbart, daß die Auseinandersetzung des Gesamtguts erst nach rechtskräftiger Entscheidung des Rechtsstreits gegen die Eheleute Blank erfolgen und die Verwaltung des Gesamtguts bis zur Auseinandersetzung dem Karl Kern zustehen solle.

In diesem Rechtsstreite fand am 10. Oktober 1912 Verhandlung vor dem Oberlandesgerichte statt.

Rechtsanwalt Klug beantragte, das angefochtene Urteil aufzuheben, die Beklagten samtverbindlich zur Zahlung

von 1600 ℳ an Karl Kern und dessen geschiedene Frau Klara Kern und den Hans Blank zur Duldung der Zwangsvollstreckung in das eingebrachte Gut seiner Ehefrau zu verurteilen. Er wiederholte die Behauptungen der Klage, wies zur Begründung der Änderung des Klageantrags auf den Vertrag vom 3. Juni 1912 hin, übergab diesen Vertrag und legte die inzwischen aufgefundene, von Wend am 1. November 1910 ausgestellte und unterschriebene Bürgschaftsurkunde vor. Sofort wurde jedoch übereinstimmend festgestellt, daß in der Urkunde die in Ziffern ausgedrückte Darlehenssumme, weil undeutlich geschrieben, sowohl als „1600 ℳ" als auch als „1000 ℳ" gelesen werden könne.

Rechtsanwalt Bill beantragte Zurückweisung der Berufung. Er gab zu, daß Wend sich für ein von Klara Kern ihrem Bruder gewährtes Darlehen von 1000 ℳ verbürgt habe und die Beklagten auf Grund der Bürgschaft, wenn sie rechtswirksam wäre, zu haften hätten, und führte aus, daß Karl Kern, da die Gütergemeinschaft zwischen ihm und Klara Kern infolge der Ehescheidung aufgehoben sei, den Rechtsstreit allein nicht mehr weiter führen könne.

Im übrigen wiederholten die Parteivertreter ihre früheren Erklärungen. Auf ihren Antrag wurde zur Fortsetzung der mündlichen Verhandlung auf 5. Dezember 1912 Termin anberaumt. In ihm erschienen beide Anwälte. Rechtsanwalt Bill erklärte vor Eintritt in die Verhandlung, daß er für Berta Blank nicht mehr auftrete. Nun beantragte Rechtsanwalt Klug, gegen Hans Blank End- oder Anerkenntnisurteil auf den Betrag von 1000 ℳ, gegen Berta Blank Versäumnisurteil auf die ganze eingeklagte Summe unter Feststellung der gesamtschuldnerischen Haftung der beiden Beklagten zu erlassen. Rechtsanwalt Bill beantragte für Hans Blank Zurückweisung der Berufung und betonte, daß Hans Blank auch ohne Zustimmung seiner Frau zur Aufrechnung befugt sei. Im übrigen wurden die früheren Anträge und Ausführungen wiederholt.

Wie hat das Oberlandesgericht zu entscheiden?

Die Entscheidung ist unter Würdigung aller Ausführungen der Parteien und unter Angabe der Gesetzesstellen zu begründen. Sie braucht die Form eines Urteils nicht zu haben. Auf den Kostenpunkt ist keine Rücksicht zu nehmen. Die nicht bestrittenen Behauptungen sind als richtig und zugegeben zu erachten.

---

5. Aufgabe.

(Aufgabe mit vierstündiger Arbeitsfrist.)

Die Witwe Karoline Maier und der Kaufmann Hermann Schulz gründeten durch einen Vertrag vom 15. Februar 1910 in Arberg eine offene Handelsgesellschaft; am 16. Februar 1910 wurde die Gesellschaft mit der Firma „Maier u. Co." in das Handelsregister eingetragen.

1. Am 10. Oktober 1910 trat der Kaufmann Konrad Keller als weiterer persönlich haftender Gesellschafter in das Geschäft der Firma Maier u. Co. ein. Er versprach eine Vermögenseinlage von 10000 ℳ und übergab sofort 6000 ℳ bar, die er sich gegen Ausstellung eines vom 3. Oktober 1910 datierten eigenen Wechsels als Darlehen von der Aktiengesellschaft Kreditbank Waldheim verschafft hatte. Der Wechsel war von Konrad Keller und von dessen Mutter Josephine Keller unterzeichnet. Der Verfalltag war offen gelassen. Nach der Verabredung der Beiden mit der Kreditbank sollte der Wechsel nach drei Monaten fällig gemacht oder auch wiederholt von drei zu drei Monaten „prolongiert" werden dürfen.

Um die noch fehlende Summe zu erlangen, wendete sich Konrad Keller Ende Oktober 1910 nochmals an die Kreditbank Waldheim. Da diese sich zu einem weiteren Darlehen von 4000 ℳ gegen Wechsel nur bei Verbürgung zweier zahlungsfähiger Personen neben dem Hauptschuldner bereit erklärte, bat er seine Mutter, zum Zwecke der

Bürgschaft den Wechsel als Ausstellerin und erste Indossantin zu unterzeichnen. Josephine Keller zog am 1. November 1910 einen am 1. Juni 1911 zahlbaren Wechsel über 4000 ℳ an eigene Ordre auf ihren Sohn; dieser nahm ihn an und die Mutter versah ihn mit einem Blankoindossament. Sodann schickte Konrad Keller den Wechsel an seinen Geschäftsfreund, den Kaufmann Karl Lehmann in Berlin, und bat ihn um Mitunterzeichnung, damit er sich darauf Geld bei der Kreditbank Waldheim verschaffen könne, die Darlehen auf Wechsel nur gegen Verbürgung zweier zahlungsfähiger Personen gebe. Lehmann schickte den Wechsel an Konrad Keller mit seinem Blankoindossament zurück, das unter das der Josephine Keller gesetzt war. Auf den Wechsel empfing Keller das Geld; er zahlte damit den Rest seiner Einlage.

Als Witwe Keller Ende des Jahres 1910 erfuhr, daß die Handelsgesellschaft Maier u. Co. mit Verlust arbeite, suchte sie sich von der Gefahr der Haftung soweit als möglich zu befreien. Sie teilte persönlich am 2. Januar 1911 dem Vorstande der Kreditbank Waldheim mit, sie wolle nicht länger als Mitausstellerin des eigenen Wechsels über 6000 ℳ haften und verlange, daß der Wechsel noch im laufenden Monat, spätestens aber im April 1911 geltend gemacht werde. Der Vorstand erklärte sich damit einverstanden, setzte aber trotzdem auf die Bitte des Konrad Keller als Verfalltag erst den 3. Oktober 1911 in den Wechsel. Nach Ablauf dieser Zeit klagte die Kreditbank Waldheim aus dem Wechsel im ordentlichen Verfahren gegen Josephine Keller, da Konrad Keller inzwischen zahlungsunfähig geworden war.

Die Beklagte beantragte, die Klage abzuweisen; für alle Fälle rechne sie mit einem Schadensersatzanspruch von 6000 ℳ auf, der ihr erwachsen sei, weil die Klägerin ihrer Verpflichtung nicht nachgekommen sei, den Wechsel spätestens im April 1911 fällig zu machen; denn Konrad Keller, der jetzt zahlungsunfähig sei, habe im April 1911 noch hinreichendes Vermögen besessen. Die Klägerin müsse die Unschädlichkeit ihres Vertragsbruches beweisen.

Die Klägerin erkannte diese Beweispflicht nicht an und bestritt, daß Konrad Keller im April 1911 noch Vermögen besessen habe.

Mittlerweile war auch der Wechsel vom 1. November 1910 über 4000 ℳ verfallen und von der Kreditbank Waldheim rechtzeitig mangels Zahlung gegen den Akzeptanten protestiert worden, der zahlungsunfähig geworden war. Am 3. Juni 1911 leistete Witwe Keller eine Abschlagszahlung von 2000 ℳ an die Kreditbank und einige Tage später löste Karl Lehmann den Wechsel gegen Zahlung des Restes der Wechselsumme bei der Kreditbank ein. Wegen dieser Zahlung nahm Lehmann im Wechselprozeß die Witwe Josephine Keller in Anspruch.

Diese bestritt die Zulässigkeit eines Regresses und beantragte Abweisung der Klage. Sie führte aus, die Rechtsverfolgung des Klägers sei arglistig. Kläger und Beklagte hätten, wenn auch ohne ausdrückliche Verabredung miteinander, doch in der Absicht gemeinschaftlicher Verbürgung für Konrad Keller unterzeichnet; als Mitbürgen aber hafteten die Parteien untereinander nach Kopfteilen. Da sie die Hälfte der Wechselsumme rechtzeitig bei der Kreditbank gezahlt habe, sei ihre Verpflichtung erloschen.

2. Am 1. Juli 1911 schied Hermann Schulz aus der offenen Handelsgesellschaft Maier u. Co. aus. In dem Auseinandersetzungsvertrag von diesem Tag übernahm die Gesellschaft die vorhandenen Gesellschaftsschulden und entließ den ausscheidenden Gesellschafter aus der Haftung. Den Inhalt des Vertrags machte die Firma Maier u. Co. alsbald öffentlich bekannt und teilte ihn außerdem unverzüglich durch Rundschreiben allen Gesellschaftsgläubigern mit. Als Schulz austrat, hatte die Aktiengesellschaft Kreditbank Waldheim aus einem Kontokurrentverhältnis mit der Firma Maier u. Co. gegen diese nach der Saldofeststellung ein Guthaben von 6000 ℳ; bei der Saldoziehung ziehung vom 1. Januar 1912 betrug dieses Guthaben nur noch 5000 ℳ, in der Folge aber steigerte es sich auf 10 000 ℳ.

Zur Sicherheit für die Forderungen der Kreditbank

aus diesem Verkehr hatte die offene Handelsgesellschaft Maier u. Co., die Aktien der Kreditbank besaß, im März 1910 dieser Bank 6 eigene Aktien im Nennwerte von je 1100 ℳ verpfändet, die sie zum Kurse von 106 % erworben hatte. Infolge betrügerischer Handlungen des Vorstandes der Bank waren im September 1912 die Aktien vollständig entwertet, ohne daß die Aktiengesellschaft aufgelöst wurde. Auf Grund einer Bürgschaft der Kreditbank gegenüber bezahlte Josephine Keller, die Mutter des Mitinhabers der Firma Maier und Co., die Forderung der Bank in der Höhe von 10000 ℳ und ließ sich infolgedessen durch Vertrag vom 12. Oktober 1912 die fragliche Forderung gegen die Firma Maier u. Co. abtreten. Darauf erhob sie Klage gegen den ausgeschiedenen Gesellschafter Schulz auf Zahlung des Betrags von 6000 ℳ mit der Behauptung, daß Schulz ihr in Höhe des bei seinem Austritt aus der Gesellschaft bestandenen Guthabens der Kreditbank hafte.

Hermann Schulz widersprach dem Klaganspruch. Er wies zunächst darauf hin, daß er nach dem Vertrag vom 1. Juli 1911 für Schulden der Gesellschaft nicht mehr hafte, und führte sodann aus, infolge der Fortsetzung des Kontokurrentverhältnisses sei das Guthaben der Bank von 6000 ℳ, das bei seinem Austritt aus der Gesellschaft bestanden habe, durch Aufrechnung mit den späteren in die laufende Rechnung eingetragenen Leistungen der Firma nach den Grundsätzen des BGB. über die Aufrechnung getilgt worden, so daß er von jeder Haftung frei sei. Endlich sei auch die Abtretung unzulässig gewesen, da die Forderung durch die Kontokurrentabrede in mehreren anerkannten Saldi aufgegangen und daher von selbständigem Übergange im Wege der Abtretung auf einen Dritten ausgeschlossen sei. Gegebenenfalls verweigere er die Befriedigung der Klägerin, da der offenen Handelsgesellschaft Maier u. Co. gegenüber der Kreditbank eine Gegenforderung von 6996 ℳ zustehe; denn die Kreditbank Waldheim habe die Entwertung der Aktien verschuldet und diese sei eingetreten, während sich die Aktien im Pfandbesitze der Bank befunden hätten. Dafür müsse die Kreditbank aufkommen.

Sind die Klageansprüche
1. a) der Kreditbank Waldheim gegen Josephine Keller,
b) des Kaufmanns Lehmann gegen Josephine Keller (Wechselprozeß),
2. der Witwe Josephine Keller gegen Hermann Schulz begründet?

Die Antworten sind unter Aufführung der gesetzlichen Vorschriften kurz zu begründen. Alle von den Beteiligten geltend gemachten rechtlichen Gesichtspunkte sind zu würdigen.

Die tatsächlichen Behauptungen sind als richtig anzunehmen, soweit sie nicht ausdrücklich bestritten sind.

---

6. Aufgabe.

(Aufgabe mit vierstündiger Arbeitsfrist.)

Der Wirt Kaspar Spund in Hasenau, dem Sitze eines bayerischen Amtsgerichtes, bestellte am 1. August 1911 bei Melchior Fröhlich, dem Handlungsreisenden des Fabrikanten Fritz Wohlklang in Lustheim, der nächsten bayerischen Stadt, käuflich ein Orchestrion um 1000 ℳ; Spund und Fröhlich vereinbarten, daß die Hälfte des Kaufpreises bei der Ablieferung des Musikwerkes, der Rest in monatlichen Teilbeträgen von je 50 ℳ ab 1. September 1911 zu zahlen und daß bis zur Tilgung des Kaufpreises das Eigentum an dem Orchestrion dem Wohlklang vorbehalten sei. Fröhlich schrieb sofort an Wohlklang einen Brief, in dem er seinem Geschäftsherrn den Abschluß des Kaufvertrags und dessen Inhalt mitteilte, nur übersah er, den Eigentumsvorbehalt anzuführen; Spund erhielt eine Pause des Briefes. Wohlklang war überzeugt, daß ihm Fröhlich, wie immer, das Eigentum vorbehalten hatte; er lieferte sofort das Musikwerk. Spund leistete die vereinbarte Anzahlung, bis zum 1. April 1912 auch die monatlichen Teilzahlungen; die

an diesem Tage fällige Rate konnte er aber nicht mehr zahlen.

Der Bierbrauer Balthasar Dick in Hasenau hatte wegen einer Forderung von 200 ℳ für geliefertes Bier gegen Spund einen Vollstreckungsbefehl erwirkt und am 10. April 1912 in der Wirtschaft des Spund durch den Gerichtsvollzieher Scharf in Hasenau das Orchestrion pfänden lassen. Durch die im Hasenauer Amtsblatt erschienene Versteigerungsbekanntmachung erfuhr Wohlklang von der Pfändung. Er ließ durch den Rechtsanwalt Klug in Hasenau bei dem dortigen Amtsgerichte Widerspruchsklage erheben und benannte zum Beweise seines Eigentums an dem gepfändeten Orchestrion den Wirt Spund und den Reisenden Fröhlich als Zeugen.

Nach der Zustellung der Klageschrift erkundigte sich Dick bei Spund nach den Eigentumsverhältnissen an dem Orchestrion. Spund zeigte dem Dick die Pause des Briefes des Fröhlich an Wohlklang vom 1. August 1911 und fügte bei, daß nach mündlicher Vereinbarung das Eigentum an dem Orchestrion bis zur Tilgung des Kaufpreises dem Wohlklang vorbehalten sei. Dick war der Anschauung, dieser Eigentumsvorbehalt sei mangels der Schriftlichkeit ungültig. Um aber eines günstigen Ausgangs des Rechtsstreits ganz sicher zu sein, benannte auch er den Spund als Zeugen und redete ihm zu, bei Abgabe seines Zeugnisses sich lediglich auf die Pause des Briefes zu beziehen und von der mündlichen Vereinbarung des Eigentumsvorbehaltes nichts zu sagen, auch wenn er darnach gefragt werde und schließlich einen Eid leisten müsse; Dick rechnete sicher darauf, den Prozeß, in dem er jegliche Vereinbarung über einen Eigentumsvorbehalt bestritt, zu gewinnen, wenn Spund diesem Ansinnen entspreche. Schon vorher hatten auf die Versteigerungsbekanntmachung hin mehrere Liebhaber das Orchestrion angesehen; der Kaffeehausbesitzer Isidor Böhnchen in Hasenau hatte erklärt, daß er bis 800 ℳ mitbiete. Danach glaubte Spund, daß bei einer Zwangsversteigerung ein besonders hoher Preis erzielt werde, ein Preis, der zur Deckung der Forderung des Dick und der Restfor-

derung des Wohlklang hinreiche; auch diesen wollte er aus dem Versteigerungserlöse befriedigen. Aus diesem Grunde war Spund, als Dick ihm zuredete, von der mündlichen Vereinbarung des Eigentumsvorbehalts nichts zu sagen, schon aus eigenem Antrieb entschlossen, wenn er als Zeuge vernommen werde, selbst auf Eid von dem Eigentumsvorbehalte nichts zu sagen und der Zwangsvollstreckung ihren Lauf zu lassen; deshalb versprach er auch sofort dem Dick, daß er von dem Eigentumsvorbehalte nichts sagen werde. Er selbst war allerdings auf Grund von Erkundigungen, die er bei einem Rechtsverständigen eingezogen hatte, der Ansicht, daß trotz der mangelnden schriftlichen Form die Vereinbarung über den Eigentumsvorbehalt rechtswirksam sei.

Am 20. April 1912 wurden Spund und Fröhlich bei dem Amtsgerichte Hasenau als Zeugen vernommen. Spund legte die Pause des Briefes vom 1. August 1911 vor; auf Befragen bestritt er, daß über den Eigentumsvorbehalt für Wohlklang auch nur gesprochen worden sei, und erklärte sich bereit, seine Aussage zu beschwören; die Beeidigung unterblieb aber auf den Antrag des Rechtsanwalts Klug, der geltend machte, Spund habe ein rechtliches Interesse daran, daß der Beklagte Dick obsiege. Fröhlich bekundete, daß er dem Wohlklang bis zur Tilgung des Kaufpreises das Eigentum ausdrücklich vorbehalten und das in dem Briefe vom 1. August 1911 auch vermerkt habe. Auf Vorhalt der Aussage des Spund und auf Vorlage der Pause des Briefes vom 1. August 1911 blieb er ohne weiteres Besinnen und Überlegen bei seiner Aussage und beschuldigte den Spund, dieser habe auf der Pause den Schlußsatz, der die Mitteilung über den Eigentumsvorbehalt enthielt, entfernt; dabei beharrte er trotz des entschiedenen Widerspruchs des aufs höchste entrüsteten Spund. Fröhlich wurde nach vorgeschriebener Eidesbelehrung ordnungsmäßig beeidigt. Nach Verhandlung der Sache wurde zur Verkündung der Entscheidung Termin auf den 26. April 1912 angesetzt.

Als Fröhlich nach Schluß der Verhandlung nachdachte, kamen ihm Zweifel, ob er den Eigentumsvorbehalt in dem

Briefe vermerkt habe. Noch am gleichen Tage suchte er im Geschäfte des Wohlklang die Urschrift des Briefes vom 1. August 1911 heraus; von dem Eigentumsvorbehalte stand nichts darin. In der Angst vor einer Strafverfolgung wegen Meineids fügte er zwischen seine Unterschrift und den Text des Briefes einen Satz ein, der den Eigentumsvorbehalt enthielt, und sandte den Brief dem Rechtsanwalt Klug mit dem Ersuchen, ihn dem Amtsgerichte vorzulegen; er nahm dabei an, daß Rechtsanwalt Klug den Brief als echt ansehe; denn sonst hatte er zu befürchten, daß der Rechtsanwalt die Vorlage des Briefes an das Gericht unterlasse. Er hoffte, der Amtsrichter werde, wenn er von dem Briefe Kenntnis erhalte, keinesfalls ein Strafverfahren wegen Eidesverletzung gegen ihn veranlassen. Über Nacht bekam er aber Bedenken. In aller Frühe fragte er telephonisch bei Rechtsanwalt Klug an, ob dieser den Brief vom 1. August 1911 erhalten habe; auf dessen bejahende Antwort ersuchte er ihn, den Brief dem Amtsgerichte nicht vorzulegen. Dann schrieb er ohne Wissen des Wohlklang dem Rechtsanwalt Klug: „Die Klage gegen Dick ersuche ich zurückzunehmen. Achtungsvoll! ppa. Fritz Wohlklang"; er wollte die Sache hinter dem Rücken des Wohlklang ins reine bringen. Dem Amtsgerichte Hasenau teilte er in einem Briefe mit, er habe sich bei seiner Aussage geirrt, in dem Briefe vom 1. August 1911 sei die Vereinbarung des Eigentumsvorbehaltes nicht erwähnt, aber mündlich sei sie getroffen worden. Rechtsanwalt Klug legte weisungsgemäß den Brief vom 1. August 1911 dem Gerichte nicht vor.

Weil Dick auf Grund der Zeugenaussage des Fröhlich glaubte, Fröhlich habe in dem Briefe die Vereinbarung des Eigentumsvorbehaltes vermerkt und dem Erfordernisse der Schriftlichkeit sei dadurch genügt worden, daß Spund eine Pause dieses Briefes erhalten habe, ging er noch am 20. April 1912 zum Gerichtsvollzieher Scharf, erklärte ihm, daß er das Orchestrion freigebe und die Kosten übernehme, und ersuchte den Scharf, das Erforderliche zu veranlassen, damit ihm keine weiteren Kosten entstünden; Scharf sagte zu.

Um künftig besser geschützt zu sein, erwirkte Wohlklang am 10. Mai 1912 auf die am 1. April und 1. Mai verfallenen Teilbeträge des Kaufpreises gegen Spund ein Anerkenntnisurteil und ließ am gleichen Tage das Orchestrion durch den Gerichtsvollzieher Scharf pfänden; er teilte dem Spund ausdrücklich mit, daß er trotz der Pfändung den Eigentumsvorbehalt nicht aufgebe. Die Pfändung wurde durch ein Pfandsiegel ersichtlich gemacht, das Orchestrion blieb aber in der Wirtschaft des Spund stehen.

Die Vermögenslage des Spund verschlechterte sich von Tag zu Tag; verschiedene Gläubiger verklagten ihn; Pfändungen standen bevor; die Einnahmen aus der Wirtschaft waren so gering, daß Spund und seine Angehörigen sich große Einschränkungen auferlegen mußten. Da wandte sich Spund an seinen Stammgast, den bei dem Rechtsanwalt Klug beschäftigten Schreiber Longin Schlau um Rat. Dem Schlau war bekannt, daß das Orchestrion Eigentum des Wohlklang sei; von der Pfändung wußte er nichts; Spund verschwieg sie ihm. Schlau erklärte, Spund könne sich dem Ansturm der vielen Gläubiger gegenüber doch nicht mehr lange halten; er riet dem Spund, das Orchestrion, das einzige Vermögensstück von Wert, das sich noch in seinem Besitze befand, zu verkaufen und den Erlös für sich und seine Familie zu verwenden. Dieser Vorschlag gefiel dem Spund. Ohne dem Schlau etwas zu sagen, entschloß er sich aber, aus dem Erlöse des Orchestrions zunächst die Kaufschillingsrestforderung des Wohlklang zu decken; diesen Mann wollte er unter keinen Umständen schädigen, an den übrigen Gläubigern lag ihm nichts.

Am 15. Mai 1912 bot Spund dem Kaffeehausbesitzer Böhnchen das Orchestrion zum Kaufe an. Böhnchen wußte nichts von dem Eigentumsvorbehalt und der Pfändung; Spund sagte ihm auch nichts davon, damit der Kauf nicht scheitere. Das Pfandzeichen war längst abgefallen. Spund und Böhnchen wurden auf einen Kaufpreis von 600 ℳ einig, wovon die Hälfte sofort, der Rest ab 1. Juli 1912 in monatlichen Teilbeträgen von je 100 ℳ gezahlt werden sollte. Noch am gleichen Tage holte Böhnchen das Orche-

strion bei Spund ab. Aus der Anzahlung des Böhnchen befriedigte Spund den Wohlklang.

Wie ist der obige Sachverhalt in objektiver und subjektiver Richtung strafrechtlich zu beurteilen?

Soweit die Strafverfolgung durch die Stellung eines Strafantrags bedingt ist, ist anzunehmen, daß dieser rechtzeitig und rechtsförmlich gestellt ist.

Die Antworten sind unter Angabe der gesetzlichen Bestimmungen zu begründen.

---

7. Aufgabe.

(Aufgabe mit vierstündiger Arbeitsfrist.)

Nach dem Schlusse der Beweisaufnahme vor dem Schwurgerichte bei dem Landgerichte Neudorf verlas der Vorsitzende die in der Anlage aufgeführten Fragen I bis VI, gegen die von keiner Seite Einwendungen erhoben wurden.

Nach der Rückkehr aus dem Beratungszimmer gab der Obmann der Geschworenen den Spruch bekannt, wie er in der Anlage den Fragen I bis VI **unter A** beigefügt ist.

Das Gericht erließ Beschluß, daß der Wahrspruch widersprechend sei, weil die Frage I verneint, die Frage III aber bejaht sei.

Bei der Erörterung des Mangels ergänzte das Gericht die Fragen I bis VI durch Hinzufügung der Fragen IIIa, IVa, Va, Vb und VIa (s. die Anlage).

Der Staatsanwalt beantragte die Fragen Va, Vb und VIa zu streichen, weil der gerügte Mangel die Anklage wegen des Meineids und der Anstiftung dazu nicht betreffe. Die Frage V sei trotz des Zusatzes bejaht, weil ein vollendeter Meineid nicht mehr zurückgenommen werden könne.

Die Verteidiger schlossen sich dem Antrage des Staatsanwalts an, weil der Zusatz zur Antwort auf die Frage V beweise, daß die in dieser Frage bezeichnete Tat nach der

Anschauung der Geschworenen nur ein strafloser Meineidsversuch sei. Der Verteidiger des Ehrlich beantragte jedoch vorsorglich, nach der Frage VIa für Klug eine weitere Frage aus § 157 Abs. 1 Nr. 1 des StGB. einzufügen. Der Verteidiger des Klug erklärte, daß er die Stellung dieser Frage, soweit sein Klient in Betracht komme, für überflüssig halte, weil Klug nach dem unabänderlichen ersten Spruche der Geschworenen wegen des Meineids für straffrei erklärt werden müsse.

Durch Gerichtsbeschluß wurden die Anträge abgelehnt.

Nach erneuter Beratung der Geschworenen verkündete der Obmann den Spruch, wie er in der Anlage — **zu den Fragen I bis VI unter B** — beigefügt ist.

Das Gericht verurteilte den Angeklagten Ehrlich wegen eines Verbrechens des betrüglichen Bankerotts nach § 239 der Konkursordnung im sachlichen Zusammenhange mit einem Verbrechen der Anstiftung zum Verbrechen des Meineidsversuchs nach den §§ 154, 43, 48 des StGB. zur Gesamtzuchthausstrafe von drei Jahren, den Angeklagten Klug wegen eines Verbrechens der Beihilfe zum Verbrechen des betrüglichen Bankerotts nach § 239 der Konkursordnung und § 49 des StGB. rechtlich zusammentreffend mit einem Verbrechen nach § 242 der Konkursordnung und eines damit sachlich zusammenhängenden Verbrechens des Meineidsversuchs nach den §§ 154, 43 des StGB. zur Gesamtzuchthausstrafe von zwei Jahren und beide zur Kostentragung. Der Angeklagte Ehrlich wurde für dauernd unfähig erklärt, als Zeuge oder Sachverständiger eidlich vernommen zu werden. Außerdem wurden beiden Verurteilten die bürgerlichen Ehrenrechte auf die Dauer von je fünf Jahren aberkannt.

In den Urteilsgründen ist u. a. ausgeführt, daß bei Klug die für den Meineidsversuch an sich verwirkte Einzelstrafe von zwei Jahren Zuchthaus unter Berücksichtigung des § 157 des StGB. auf Zuchthausstrafe von einem Jahre ermäßigt worden sei.

Zur Stellung der Frage IIIa ist in den Urteilsgründen unter Bezugnahme auf § 263 der Strafprozeßordnung

bemerkt, daß sich diese Frage nach dem Ergebnisse der Hauptverhandlung neben der Frage III als notwendig erwiesen habe.

Gegen das Urteil legte der Staatsanwalt Revision ein mit dem Antrage, das Urteil in der Richtung gegen beide Angeklagte aufzuheben und die Sache an die Vorinstanz zur anderweiten Verhandlung und Entscheidung zurückzuverweisen. Die Verteidiger legten Revision ein jeder mit dem Antrag auf Aufhebung des Urteils und Zurückverweisung der Sache an die erste Instanz in der Richtung gegen seinen Klienten.

I. Der Staatsanwalt behauptete zur Begründung seines Rechtsmittels allgemein die Verletzung des materiellen Rechtes. Außerdem rügte er folgendes:

1. Der Antrag auf Streichung der Fragen Va, Vb und VIa sei zu Unrecht abgelehnt worden. Ob das Berichtigungsverfahren überhaupt zulässig gewesen sei, könne unerörtert bleiben. Jedenfalls habe es sich auf die Fragen wegen der Meineidverbrechen nicht bezogen. Mindestens in dieser Hinsicht sei der erste Wahrspruch wiederherzustellen. In diesem sei die Frage V trotz des Zusatzes glatt bejaht worden. Der Zusatz hätte als nicht geschrieben behandelt werden müssen. Denn die Geschworenen seien zu solchen Zusätzen nicht berechtigt. Auch sei der Rücktritt von einem vollendeten Meineid rechtlich ausgeschlossen.

2. Der Zusatz zur Antwort auf die Frage Va sei gleichfalls unstatthaft und belanglos. Übrigens habe es der Verteidiger des Klug ausdrücklich abgelehnt, für seinen Klienten eine Frage aus § 157 Abs. 1 Nr. 1 des StGB. zu beantragen.

3. Die Stellung der Fragen IV und IVa verstoße gegen den Grundsatz, daß die Nebenfrage nach mildernden Umständen für mehrere ideell konkurrierende Handlungen nur einmal gestellt werden dürfe. Die dadurch hervorgerufene sachliche Undeutlichkeit des Spruchs hätte die nochmalige Einleitung eines Berichtigungsverfahrens erfordert.

II. Der Verteidiger des Ehrlich brachte zur Begründung der Revision vor:

1. Die erste Beantwortung der Fragen I und III habe sich nicht widersprochen. Die Geschworenen hätten die Frage I offenbar auf Grund des § 51 des StGB. verneint. Die gleichzeitige Bejahung der Frage VI bestätige, daß sie dem Gutachten des Landgerichtsarztes gefolgt seien.*) Der § 51 des StGB. begründe, wie die vorhergehende Überschrift des Abschnittes beweise, nur einen persönlichen Strafausschließungsgrund, der dem Gehilfen bei der Tat nicht zugute komme. Die Bejahung der Frage III sei deshalb trotz der Verneinung der Frage I rechtlich haltbar gewesen.

2. Aus der Unzulässigkeit des Berichtigungsverfahrens folge, daß das Gericht seinem Urteile nur den ersten Spruch hätte zugrunde legen dürfen. Dann hätte aber Ehrlich, trotzdem die Frage VI bejaht worden sei, auch von der Anstiftung zum Meineide freigesprochen werden müssen. Denn die Anstiftung zu einem straflosen Meineidsversuche (s. die Antwort auf die Frage V) könne nach § 48 des StGB. nicht gestraft werden. Auf jeden Fall sei die Frage Vb ganz unzulässig gewesen, weil ihre Bejahung schon in dem ersten unabänderlichen Wahrspruch enthalten sei.

3. Das Gericht habe mehrfach Dinge zum Gegenstande der Fragestellung und damit der Urteilsfindung gemacht, deretwegen das Hauptverfahren nicht eröffnet worden sei. Im Eröffnungsbeschlusse sei dem Ehrlich das „Verheimlichen" von Vermögensstücken zur Last gelegt, während die Frage I alternativ das „Beiseiteschaffen" hereinziehe. Dadurch sei Ehrlich beschwert. Ähnlich stehe es mit den Fragen VI und VIa. Im Eröffnungsbeschlusse

*) In der Hauptverhandlung hatte sich der als Sachverständiger vernommene Landgerichtsarzt gutachtlich dahin geäußert, daß Ehrlich zur Zeit der Begehung der in der Frage I bezeichneten Handlung geisteskrank im Sinne des § 51 des StGB., zur Zeit der Begehung der in der Frage VI bezeichneten Handlung aber zurechnungsfähig gewesen sei.

sei nur „Zureden" als Mittel der Anstiftung genannt. Die Beifügung der Worte „oder durch andere Mittel" sei deshalb von besonderer Bedeutung, weil das „Zureden" im § 48 des StGB. als Mittel der Anstiftung nicht aufgeführt sei.

4. Die Ablehnung der für Klug beantragten Frage aus dem § 157 Abs. 1 Nr. 1 des StGB. sei unzulässig gewesen. Auf jeden Fall aber hätte das Gericht diese Vorschrift wegen der akzessorischen Natur der Anstiftung auch bei der Bemessung der Strafe des Ehrlich anwenden müssen.

III. Der Verteidiger des Klug rügte zur Begründung des Rechtsmittels, daß die gegen Klug ausgesprochene Aberkennung der bürgerlichen Ehrenrechte das Strafgesetz verletze. Im übrigen machte er geltend, daß das Gericht bei der erneuten Fragestellung durch die Frage IIIa ohne die Zustimmung des Klug den § 242 der Konkursordnung hereingezogen habe, obwohl der Eröffnungsbeschluß dem Klug in dieser Hinsicht nur Beihilfe zum betrüglichen Bankerott zur Last lege. Dadurch habe das Gericht den Grundsatz der Notwendigkeit des rechtlichen Gehörs verletzt. Zudem sei die Frage IIIa durch das Berichtigungsverfahren gar nicht veranlaßt gewesen. Diese reformatio in peius widerspreche den allgemeinen prozeßrechtlichen Vorschriften und beschwere seinen Klienten, weil sie vermutlich die Bemessung der Strafe beeinflußt habe.

Wie hat das Revisionsgericht zu entscheiden?

Die Revisionen sind als zulässig zu behandeln.

In der Antwort sind unter Anführung der gesetzlichen Vorschriften alle zur Begründung der Revisionen geltend gemachten Gesichtspunkte kurz zu würdigen.

Was die Verteidiger über den Inhalt des Eröffnungsbeschlusses vorbringen, ist als richtig anzunehmen.

Der Kostenpunkt ist nicht zu berücksichtigen.

Anlage zur 7. Aufgabe.

Fragen an die Geschworenen.

Fragen:	Antworten:*)
I. Ist der Angeklagte Franz Ehrlich, Fabrikant in Neudorf, schuldig, als Schuldner über dessen Vermögen das Konkursverfahren eröffnet worden ist, in der Absicht, seine Gläubiger zu benachteiligen, in der Zeit vom 1. August 1911 bis 1. Februar 1912 in Neudorf 1. Vermögensstücke verheimlicht oder beiseite geschafft zu haben, nämlich a) sein Haus Nr. 110 in Neudorf, b) die Maschinen seiner Fabrik, 2. seine Handelsbücher so verändert zu haben, daß sie keine Übersicht des Vermögenszustandes gewähren?	A. Nein. B. Ja mit mehr als sieben Stimmen.
II. (Zu beantworten, wenn die Frage I bejaht wird): Sind mildernde Umstände vorhanden?	A. -:- B. Nein mit mehr als sechs Stimmen.
III. Ist der Angeklagte Fritz Klug, Prokurist in Neudorf, schuldig, in der Zeit vom 1. August 1911 bis 1. Februar 1912 dem Mitangeklagten Franz Ehrlich zur Begehung der in der Frage I bezeichneten Handlung durch Rat oder Tat wissentlich Hilfe geleistet zu haben?	A. Ja mit mehr als sieben Stimmen. B. Ja mit mehr als sieben Stimmen.

*) Es ist zu beachten, daß zu den Fragen I bis VI unter A der Spruch der Geschworenen nach der ersten Beratung, unter B der Spruch der Geschworenen nach der erneuten Beratung vorgetragen ist.

IV. (Zu beantworten, wenn die Frage III bejaht wird): Sind mildernde Umstände vorhanden?	A. Nein mit mehr als sechs Stimmen: B. Nein mit mehr als sechs Stimmen.
V. Ist der Angeklagte Fritz Klug ... schuldig, am 20. Juni 1912 vor dem Untersuchungsrichter bei dem K. Landgerichte Neudorf, also vor einer zur Abnahme von Eiden zuständigen Behörde, den vor seiner Vernehmung geleisteten Eid wissentlich durch ein falsches Zeugnis verletzt zu haben?	A. Ja mit mehr als sieben Stimmen; Klug hat aber sein falsches Zeugnis rechtzeitig zurückgenommen. B. Nein.
VI. Ist der Angeklagte Franz Ehrlich ... schuldig, in der Zeit vom 15. Juni bis 20. Juni 1912 den Mitangeklagten Fritz Klug zur Begehung der in der Frage V bezeichneten Handlung durch Zureden oder durch andere Mittel vorsätzlich bestimmt zu haben?	A. Ja mit mehr als sieben Stimmen. B. Nein.

IIIa. Ist der Angeklagte Fritz Klug ... schuldig, durch dieselbe Handlung wie zu Frage III in der Zeit vom 1. August 1911 bis 1. Februar 1912 im Interesse eines Schuldners, über dessen Vermögen das Konkursverfahren eröffnet worden ist, Vermögensstücke desselben verheimlicht oder beiseite geschafft zu haben?	Ja mit mehr als sieben Stimmen.
IVa. (Zu beantworten, wenn die Frage III a bejaht wird): Sind milddernde Umstände vorhanden?	Nein mit mehr als sechs Stimmen.

Va. (Zu beantworten, wenn die Frage V verneint wird): Ist der Angeklagte Fritz Klug ... schuldig, am 20. Juni 1912 den Entschluß, vor dem Untersuchungsrichter bei dem K. Landgerichte Neudorf, also vor einer zur Abnahme von Eiden zuständigen Behörde, den vor seiner Vernehmung geleisteten Eid wissentlich durch ein falsches Zeugnis zu verletzen, durch Handlungen betätigt zu haben, die einen Anfang der Ausführung des beabsichtigten, nicht zur Vollendung gekommenen Verbrechens enthalten?

Ja mit mehr als sieben Stimmen, aber die Angabe der Wahrheit hätte gegen Klug die Verurteilung wegen eines Verbrechens nach sich gezogen.

Vb. (Zu beantworten, wenn die Frage Va bejaht wird): Hat Fritz Klug die Ausführung der beabsichtigten, in der Frage Va bezeichneten Handlung aufgegeben, ohne daß er an dieser Ausführung durch Umstände gehindert worden ist, die von seinem Willen unabhängig waren?

Nein mit mehr als sieben Stimmen.

VIa. (Zu beantworten, wenn die Frage VI verneint wird): Ist der Angeklagte Franz Ehrlich ... schuldig, in der Zeit vom 15. Juni bis 20. Juni 1912 den Mitangeklagten Fritz Klug zur Begehung der in der Frage Va bezeichneten Handlung durch Zureden oder durch andere Mittel vorsätzlich bestimmt zu haben?

Ja mit mehr als sieben Stimmen.

---

8. Aufgabe.

(Aufgabe mit vierstündiger Arbeitsfrist.)

Am 11. Januar 1912 verlobte sich die am 23. November 1891 geborene ledige Bäckermeisterstochter Veronika Sixt in Steinberg, einem bayerischen Dorfe, mit dem volljährigen Bäckergehilfen Robert Lang, der seit Ostern 1911 bei ihrem Vater bedienstet war. Ihr Vater Thomas Sixt hatte gewünscht, daß sie sich mit dem Bauerssohn Paul Schön in Steinberg, dem Vater des von ihr am 8. September 1910 geborenen Kindes Paul, verehelich e. In das Verlöbnis mit Lang willigte er nur unter der Bedingung, daß Lang, wie Sixt wohl wußte, der Wahrheit zuwider bei der Eheschließung den Paul Sixt als sein Kind anerkenne, damit dieser die Stellung eines ehelichen Kindes erlange. Lang versprach es.

Seine Absicht, die Vaterschaft zu Paul Sixt anzuerkennen, teilte er, als er das Aufgebot beantragte, dem Standesbeamten für Steinberg, dem Bauer und Bürgermeister Xaver Hartl mit. Der Volksschullehrer Tobias Urban, der bei der Führung der Standesregister für Steinberg die Schreibgeschäfte besorgt, machte aber darauf aufmerksam, daß ja Paul Schön der Vater des Kindes sei, und daß Hartl seine Amtspflicht verletzen würde, wenn er wahrheitswidrig in die Standesregister Lang als Vater eintrüge und dadurch den Schein erweckte, als sei das Kind durch die Eheschließung seiner Mutter mit Lang legitimiert. Hartl trat dieser Ansicht bei und erklärte dem Lang, daß er die Anerkennung nicht beurkunden werde.

Lang hielt auch die Ansicht des Urban für richtig, faßte aber den Entschluß durch Bitten und Zureden Hartl zu bestimmen, daß er die Beurkundung doch vornehme. Verschiedene Versuche waren indes erfolglos. Als nun Lang von der ablehnenden Haltung des Hartl und deren Gründen seiner Braut Mitteilung machte, riet ihm diese, dem Hartl doch ein Geldgeschenk zu machen; dann werde Hartl trotz seiner allerdings gerechtfertigten Bedenken die Anerkennung beurkunden.

Kurz darauf brauchte Hartl dringend 2000 ℳ, um

einen seiner vielen Gläubiger zu befriedigen. Er wollte den mit ihm befreundeten Thomas Sixt bitten, ihm das Geld zu leihen. Allein Sixt war verreist. Da erbot sich Lang dem Hartl 2000 ℳ zu schenken, wenn dieser ihm bei der Anerkennung der Vaterschaft zu Paul Sixt keine Schwierigkeiten mache. In seiner Notlage ging Hartl auf das Ansinnen ein. Lang gab ihm sofort 2000 ℳ, die er von seiner Braut erhielt.

Am 1. Mai 1912 fand vor Hartl die Eheschließung des Lang mit Veronika Sixt statt. Im Anschluß daran erklärte Lang, daß er das von seiner Frau am 8. September 1910 in Steinberg geborene Kind Paul als sein Kind anerkenne. Urban, dem Hartl schon zuvor gelegentlich ohne Angabe von Gründen mitgeteilt hatte, daß er die Anerkennung doch beurkunden werde, schrieb die Erklärung wortgetreu in der Heiratsurkunde nieder, las die ganze Urkunde dem Ehepaar und den beiden zugezogenen Zeugen, den Bauern Johann Sixt und Jakob Müller in Steinberg, außer denen niemand zur Eheschließung erschienen war, vor, ließ die vier Personen unterschreiben und legte dann die Urkunde dem Hartl zur Unterzeichnung vor. Dieser weigerte sich aber, nachdem er noch kurze Zeit mit sich gekämpft hatte, seine Unterschrift beizusetzen. Die beiden Zeugen wußten auch, daß Lang nicht der Vater des Paul Sixt sei, glaubten aber ebenso wie Urban, die Verantwortung für den Inhalt der Heiratsurkunde dem Lang und dem Hartl überlassen zu können.

Die Wortbrüchigkeit des Hartl führte zu bitterer Feindschaft zwischen der Familie Sixt und ihm.

Sein Anwesen stößt an das des Thomas Sixt an. Er besitzt einen großen Bienenstand. Am 13. Juli 1912 zog daraus ein Bienenschwarm aus. Nach kurzem Fluge ließ er sich auf einem Obstbaum in dem vollständig umzäunten Garten des Sixt nieder. Hartl verfolgte unverzüglich mit seinem volljährigen Knechte Karl Kurz den Schwarm. Sie kletterten über den Zaun in den Garten des Sixt und gingen daran, den Schwarm einzufangen. Da eilte Sixt mit einem dicken Holzprügel in der Hand auf sie zu und forderte sie auf, sofort den Garten zu ver-

lassen. Kurz trat ohne Waffe dem an Kräften weit überlegenen und seiner Überlegenheit sich auch voll bewußten Sixt entgegen, um ihn zurückzuhalten, bis Hartl den Schwarm geborgen habe, erhielt aber sofort von Sixt mit dem Prügel einen wuchtigen Schlag auf den Kopf; schwer verletzt flüchtete er aus dem Garten. Nun wandte sich Hartl gegen Sixt, entriß ihm den Prügel, drängte ihn aus dem Garten in einen Schuppen, der als einzige Öffnung eine Türe hatte, und schloß die Türe von außen ab. Dann fing er den Bienenschwarm ein und kehrte damit in sein Anwesen zurück. Um Sixt kümmerte er sich nicht weiter, obwohl er dessen fortgesetzte Hilferufe hörte. Erst nach einigen Stunden wurde Sixt von seiner Tochter befreit.

Am 16. September 1912 trafen Lang und der volljährige Bäckergehilfe Matthias Kniggel spät abends den Kurz allein auf dem Felde. Sie überfielen Kurz, hielten ihn fest und verlangten, daß Kurz einen in der Nähe befindlichen großen Strohhaufen seines Dienstherrn anzünde, widrigenfalls sie ihn mit ihren dicken Stöcken zum Krüppel schlagen würden. Entfliehen konnte Kurz nicht. Hilferufe waren vergeblich, weil sonst niemand mehr auf dem Felde war. Für die Bitten des Kurz hatten seine Angreifer ein taubes Ohr. Als sie schließlich Miene machten, ihre Drohung auszuführen, nahm Kurz das ihm angebotene Feuerzeug und zündete das Stroh an. Die Flammen schlugen lichterloh empor. Kurz eilte querfeldein davon. Auch Lang und Kniggel entfernten sich. Letzterer empfand aber bald Reue, lief nach wenigen Schritten zurück und löschte unter großen Anstrengungen das Feuer. Es gelang ihm dies, weil Windstille herrschte.

Wie ist der obige Sachverhalt in objektiver und subjektiver Richtung strafrechtlich zu beurteilen?

Soweit die Strafverfolgung von einem Strafantrag abhängt, ist anzunehmen, daß er rechtzeitig und rechtsförmlich gestellt ist.

Die Antwort ist unter Angabe der gesetzlichen Vorschriften kurz zu begründen.

9. Aufgabe.

(Aufgabe mit neunstündiger Arbeitsfrist.)

Der bei dem Bayerischen Landgerichte Velden zugelassene Rechtsanwalt Wolf reichte bei der Zivilkammer dieses Gerichts als Prozeßbevollmächtigter des Kommissionärs Karl Schlau in Bach eine gegen den Bauer Joseph Huber in Bach gerichtete Klagschrift nebst einer Abschrift ein. Der Vorsitzende der Zivilkammer bestimmte Termin auf den 2. Dezember 1912 vormittags 9 Uhr. Die Klagschrift nebst Terminsbestimmung wurde dem Beklagten Huber am 2. Oktober zugestellt. Huber bestellte den bei dem Landgerichte Velden zugelassenen Rechtsanwalt Falk als Prozeßbevollmächtigten. Am 25. Oktober reichte der gleichfalls bei dem Landgerichte Velden zugelassene Rechtsanwalt Streiter bei der Zivilkammer dieses Gerichts als Prozeßbevollmächtigter des Bauern Georg Maier in Bach eine zum Zwecke der Hauptintervention gegen den Kommissionär Karl Schlau und den Bauer Joseph Huber gerichtete Klagschrift nebst einer Abschrift ein. Auch in dieser Sache bestimmte der Vorsitzende der Zivilkammer Termin auf den 2. Dezember 1912 vormittags 9 Uhr. Die Klageschrift nebst Terminsbestimmung wurde den Rechtsanwälten Wolf und Falk am 28. Oktober zugestellt. In beiden Klagesachen wechselten die Anwälte die erforderlichen Schriftsätze; Abschriften für das Gericht wurden auf der Gerichtsschreiberei niedergelegt. In der Sitzung vom 2. Dezember war die Zivilkammer besetzt mit dem Landgerichtsdirektor Streng und den Landgerichtsräten Braun und Ernst; den Dienst des Gerichtsschreibers versah der Sekretär Jung.

Nach Eröffnung der Verhandlung stellten die Rechtsanwälte Wolf, Falk und Streiter den gemeinsamen Antrag, den Haupt- und den Interventionsprozeß zum Zwecke der gleichzeitigen Verhandlung und Entscheidung zu verbinden. Durch sofort verkündeten Beschluß des Gerichts wurde die Verbindung angeordnet. Hierauf stellten die Parteien ihre Anträge.

Der Rechtsanwalt Wolf verlas aus seiner Klageschrift den Antrag, zu erkennen:

1. der Beklagte Huber ist schuldig, der Auszahlung des unter Nr. 4500 bei der K. Filialbank in Velden hinterlegten Betrags von 1000 ℳ an den Kläger Schlau zuzustimmen.
2. Der Beklagte Huber hat die Kosten des Rechtsstreits zu tragen.

Der Rechtsanwalt Falk verlas aus seinem vorbereitenden Schriftsatz den Antrag, Urteil dahin zu erlassen:

1. Die Klage des Kommissionärs Schlau wird abgewiesen.
2. Dem Kläger Schlau werden die Kosten des Rechtsstreits auferlegt.

Sodann verlas der Rechtsanwalt Streiter aus seiner Klageschrift den Antrag, zu erkennen:

1. Die Beklagten Schlau und Huber sind schuldig, der Auszahlung des unter Nr. 4500 bei der K. Filialbank in Velden hinterlegten Betrags von 1000 ℳ an den Kläger Maier zuzustimmen.
2. Die Beklagten Huber und Schlau haben die Kosten des Rechtsstreits zu tragen.

Der Rechtsanwalt Falk verlas aus seinem vorbereitenden Schriftsatz den Antrag, zu erkennen:

1. Die Interventionsklage wird abgewiesen.
2. Dem Interventionskläger werden die Kosten des Rechtsstreits auferlegt.

Der Rechtsanwalt Wolf verlas aus seinem vorbereitenden Schriftsatz den Antrag, Urteil dahin zu erlassen:

1. Die Interventionsklage wird abgewiesen.
2. Der Interventionskläger ist als Widerbeklagter schuldig, an den Widerkläger Schlau aus dem Grundstück Pl.Nr. 1 der Steuergemeinde Bach 3000 ℳ nebst 4% Zinsen hieraus seit dem 9. Juni 1912 zu zahlen.
3. Der Interventionskläger und Widerbeklagte hat die Kosten des Rechtsstreits zu tragen.

Der Widerklage gegenüber verlas und übergab der Rechtsanwalt Streiter den Antrag, die Widerklage mit Kostenfolge zurückzuweisen.

Zur Begründung des Klageantrags machte der Rechtsanwalt Wolf geltend:

Der Beklagte Huber bestellte am 1. Oktober 1911 an dem ihm gehörenden in der Steuergemeinde Bach Amtsgerichts Velden gelegenen Grundstück Pl.Nr. 2 „Pointfeld" an erster Stelle der landwirtschaftlichen Kreditgenossenschaft in Bach eine Grundschuld von 2000 ℳ „zur Sicherung der Ansprüche, die der Kreditgenossenschaft aus dem dem Besteller eingeräumten Kredite entstehen", und an zweiter Stelle dem Kläger Schlau eine Hypothek ohne Brief für eine diesem gegen den Krämer Jakob Müller in Bach zustehende Darlehensforderung von 1000 ℳ. Am 1. Mai 1912 kam das Grundstück auf Antrag der Kreditgenossenschaft wegen deren Zinsforderung zur Zwangsversteigerung. Der Versteigerungserlös genügte nach Abzug der Kosten zur Deckung der Grundschuld im vollen Betrage, die Hypothek fiel aus. In dem Verteilungstermin vom 30. Juli machte der Vertreter der Kreditgenossenschaft die Grundschuld nur in der Höhe von 1000 ℳ geltend, weil die Kreditgenossenschaft dem Huber nur bis zu diesem Betrage Kredit gegeben habe. Der nicht valutierte Grundschuldteil wurde von dem Beklagten Huber als Eigentümergrundschuld und dem Kläger Schlau als nachrückendem nächstausgefallenen Gläubiger beansprucht. Der Vertreter der Kreditgenossenschaft erklärte sich mit der Auszahlung des Restbetrages von 1000 ℳ an Huber einverstanden, jedoch, um keine Haftung zu verwirken, nur unter der Voraussetzung, daß auch Schlau der Auszahlung an Huber zustimme. Schließlich kamen Huber, Schlau und der Vertreter der Kreditgenossenschaft im Einverständnisse mit dem Ersteher dahin überein, daß der von der Kreditgenossenschaft nicht beanspruchte Restbetrag bei der K. Filialbank in Velden hinterlegt werde, Schlau gegen Huber Klage auf Zustimmung zur Herausgabe des hinterlegten Betrages an Schlau erhebe und der hinterlegte Betrag im Falle des

Obsiegens des Schlau an diesen und im Falle seines Unterliegens an Huber hinauszugeben sei. In Durchführung dieses Übereinkommens ist der strittige Betrag von 1000 ℳ bei der K. Filialbank in Velden unter Nr. 4500 hinterlegt und die Klage erhoben worden. Der Klageanspruch ergibt sich aus der geschilderten Sach- und Rechtslage mit solcher Klarheit, daß er einer näheren Begründung gar nicht bedarf. Es genügt die Feststellung der unbestreitbaren Tatsache, daß eine Forderung der Kreditgenossenschaft in dem nicht valutierten Betrage gar nicht entstanden ist. Hieraus folgt ohne weiteres, daß auch die Grundschuld in diesem Betrage nicht zur Entstehung gelangte. Soweit aber die Grundschuld nicht entstanden ist, kann sie auch der nachfolgenden Hypothek im Range nicht vorgehen. Diese rückte vielmehr von selbst in die Stelle des rechtsunwirksamen Grundschuldteiles ein. Es kann daher Schlau auch den hierauf treffenden Versteigerungserlös zur Befriedigung seiner nachgerückten Hypothek beanspruchen.

Der Rechtsanwalt Falk entgegnete:

Die Sachdarstellung des Gegners entspricht vollständig der Wirklichkeit, die Schlußfolgerung aber, die er daraus zieht, findet in dem Gesetze keine Stütze. Nach § 1163 Abs. 1 Satz 1 mit § 1177 BGB. entsteht eine Eigentümergrundschuld, wenn die Forderung, für die die Hypothek bestellt ist, nicht zur Entstehung gelangt. Aus dem § 1192 des BGB. ergibt sich, daß diese Vorschrift entsprechend auch für die Grundschuld gilt. Die hinterlegten 1000 ℳ gebühren also nicht dem Kläger, sondern dem Beklagten.

Zur Hauptintervention machte Rechtsanwalt Streiter zur Rechtfertigung seines Antrags geltend:

Der wegen Verschwendung entmündigte Kaufmann Franz Leicht in Bach hat am 2. Juni 1911 durch Urkunde des Notariats Velden I das Grundstück Pl.Nr. 1 der Steuergemeinde Bach dem Beklagten Huber geschenkt und aufgelassen. Der Notar hatte den Leicht mit einer ihm bekannten geschäftsfähigen Persönlichkeit verwechselt und die Geschäftsfähigkeit des Leicht für gegeben erachtet. Im Vollzuge der Urkunde wurde Huber tags darauf vom Amts-

gerichte Velden im Grundbuche als Eigentümer des Grundstücks Pl.Nr. 1 eingetragen.

Als dies der Vormundschaftsrichter beim Amtsgerichte Velden zufällig erfuhr, teilte er es dem Vormunde mit der Weisung mit, gegen Huber Klage auf Grundbuchberichtigung und Herausgabe des Grundstücks zu stellen; denn er, der Richter, könne die Schenkung nicht genehmigen. Der Vormund eröffnete dies dem Beklagten Huber. Dieser wünschte aber eine gütliche Erledigung im Vergleichswege und bot dem Vormund an, daß er das Grundstück gegen die Zahlung einer den Wert des Grundstücks nicht erreichenden Summe, die aber immerhin annehmbar wäre, behalten dürfe. Der Vormund versprach dies bei dem Vormundschaftsgerichte zu vertreten. Noch ehe aber die Unterhandlungen zum Abschlusse gelangten, wurde am 3. Juli 1911 die Entmündigung des Leicht wieder aufgehoben. Der Wiederaufhebungsbeschluß wurde am 19. Juli 1911 rechtskräftig. Leicht erklärte dem Huber nach der rechtskräftigen Aufhebung der Entmündigung, daß er die Schenkung aufrecht erhalten wissen wolle.

Mit Urkunde des Notariats Velden I vom 4. August 1911 vertauschte Huber die Pl.Nr. 1 an den Hauptintervenienten Maier. Er erhielt als Gegenleistung das in der Steuergemeinde Bach gelegene Grundstück „Pointfeld". Beide Grundstücke waren nicht belastet. Bei der Schließung des Tauschvertrages war Maier, der damals verreist war, von seinem Generalbevollmächtigten Schwarz vertreten. Die Auflassung der vertauschten Grundstücke sollte erst nach der Rückkunft des Maier erfolgen. Als Maier zurückgekehrt war und mit Huber den Tauschvertrag besprach, stellte es sich heraus, daß in Ansehung des an Huber vertauschten Grundstücks eine Verwechslung stattgefunden hatte. In der Urkunde vom 4. August 1911 war nämlich das Grundstück Pointfeld mit Pl.Nr. 2 bezeichnet. Während aber bei der Schließung des Tauschvertrages der Generalbevollmächtigte Schwarz unter dem „Pointfeld" einen in der nördlichen Gemeindeflur gelegenen, minderwertigen Acker, der die Pl.Nr. 120 trägt,

im Auge hatte und vertauschen wollte, glaubte Huber, daß die in der südlichen Gemeindeflur gelegene, im Steuerkataster mit „Pl.Nr. 2 Pointfeld" bezeichnete sogenannte Pointwiese die Gegenleistung bilden sollte. Unter Vermittlung des Beklagten Schlau einigten sich Huber und Maier am 4. September 1911 schließlich dahin, den Tauschvertrag im Sinne der Urkunde aufrecht zu erhalten. Huber sollte die Wiese erhalten und dem Maier eine Daraufgabe von 500 ℳ zahlen. Tags darauf, am 5. September, erschienen Huber und Maier vor dem Notariate Velden I und ließen sich unter Bezugnahme auf die Urkunde vom 4. August 1911 die in dieser vertauschten Grundstücke gegenseitig auf. Von der wegen der Daraufgabe getroffenen mündlichen Vereinbarung wurde weder bei der Auflassung eine Erwähnung gemacht, noch wurde die Urkunde vom 4. August 1911 in dieser Richtung ergänzt und zwar nur aus dem Grunde, weil Schlau erklärt hatte, daß dies nicht nötig sei und die mündliche Verabredung genüge. Am 6. September 1911 wurde der Eigentumswechsel im Grundbuche für Bach eingetragen. Schon vorher hatte Huber an Maier die Daraufgabe von 500 ℳ bezahlt.

Am 17. September 1911 ist Leicht gestorben und von dem Interventionskläger Maier als Alleinerben beerbt worden.

Als solcher ist er berechtigt, die Rechtsunwirksamkeit der Schenkung vom 2. Juni 1911 geltend zu machen. Die Nichtigkeit der Schenkung ist offensichtlich; denn der Vormund und das Vormundschaftsgericht haben die hiezu erforderliche Genehmigung versagt. Ist aber die Schenkung nichtig, dann ist das Grundstück Pl.Nr. 1 nicht Eigentum des Huber geworden, sondern im Eigentum des Leicht und nunmehr des Maier als dessen Erben verblieben. Huber ist also gar nicht Eigentümer des von ihm am 4. August 1911 an Maier vertauschten Grundstücks gewesen. Hieraus ergibt sich aber die weitere Folge, daß der Tauschvertrag vom 4. August und die Auflassung vom 5. September 1911 gleichfalls nichtig sind und daß das Grundstück Pl.Nr. 2 im Eigentum des Maier verblieben ist. Da so-

mit das versteigerte Grundstück nicht dem Vollstreckungsschuldner, sondern dem Kläger Maier gehörte, ist dieser nach § 92 des Gesetzes über die Zwangsversteigerung Eigentümer des Versteigerungserlöses geworden. Dem Maier als dem wahren Eigentümer gegenüber kann der Beklagte Schlau schon deshalb keine Rechte geltend machen, weil die Hypothek des Schlau von dem Nichteigentümer bestellt und deshalb nichtig ist. Somit ist der Interventionsanspruch nach jeder Richtung begründet.

Der Rechtsanwalt Falk entgegnete:

Zunächst bedarf die Sachdarstellung des Gegners einer wesentlichen Ergänzung. Dieser hat selbst schon, wenn auch nur flüchtig, die Tatsache berührt, daß Leicht nach der Aufhebung der Entmündigung die Schenkung genehmigt hat. Am 31. Juli 1911 ist Huber, der das Grundstück Pl.Nr. 1 an Maier vertauschen wollte, in Begleitung des Kommissionärs Schlau in die Wohnung des Leicht gekommen. Leicht erklärte ausdrücklich, daß er die Schenkung aufrecht erhalte und daß er auch bereit sei, das Grundstück neuerdings an Huber zu übertragen. Man nahm aber auf den Rat des Kommissionärs Schlau von einer förmlichen Erneuerung der Schenkung Umgang und beschränkte sich darauf, daß Leicht in Gegenwart des Schlau dem Huber gegenüber seine Zustimmung zur Überlassung des Grundstücks Pl.Nr. 1 an Maier erteilte. Leicht hat sich überdies am 4. August 1911 zur Beurkundung des Tauschvertrags eingefunden und, wie im Eingang der Urkunde festgestellt wurde, auch vor dem Notar die Erklärung abgegeben, daß er seine Zustimmung zur Abtretung des Grundstücks Pl.Nr. 1 an Maier aufrecht erhalte. Er mußte sich aber während der Verlesung des Verhandlungsprotokolls, wie am Schlusse der Urkunde festgestellt wurde, wegen augenblicklicher Erkrankung entfernen, so daß die Urkunde nur mehr von den übrigen Beteiligten unterzeichnet worden ist. Aus diesem Tatbestande ergibt sich ohne weiters, daß die Schenkung durch die nachträgliche Genehmigung des Leicht volle Rechtswirksamkeit erlangt hat und daß infolgedessen Huber wirklich Eigentümer des Grundstücks

Pl.Nr. 1 geworden ist. Dieser konnte also das Grundstück mit Rechtswirksamkeit auf Maier übertragen. Zu allem Überflusse hat aber Leicht dieser Übertragung auch seine Zustimmung gegeben und damit die Rechtsbeständigkeit des Tauschgeschäftes außer Zweifel gestellt.

Der Rechtsanwalt Wolf schloß sich namens des Mitbeklagten Schlau diesen Ausführungen an und fügte noch bei:

Selbst wenn das Grundstück Pl.Nr. 2 nicht dem Mitbeklagten Huber, sondern dem Interventionskläger Maier gehörte, wäre dieser verpflichtet, im Hinblick auf § 892 BGB. die dingliche Berechtigung des gutgläubigen Hypothekengläubigers Schlau und deshalb dessen Recht auf den hinterlegten Betrag anzuerkennen.

Zur Begründung der von mir erhobenen Widerklage habe ich folgendes vorzutragen:

Der Beklagte Maier bestellte am 6. November 1911 an dem ihm gehörenden Grundstück Pl.Nr. 1 der Steuergemeinde Bach dem Krämer Jakob Müller in Bach für eine diesem gegen ihn zustehende am 15. Mai 1912 fällig werdende Darlehensforderung von 3000 *M* nebst 4% Zinsen hieraus eine Briefhypothek, die auch tags darauf im Grundbuche an erster Stelle eingetragen wurde. Müller verpfändete diese Hypothek am 8. Dezember 1911 mit notariell beglaubigter Urkunde dem Widerkläger Schlau „für alle Ansprüche, die diesem daraus erwachsen, daß er sich für Müller der landwirtschaftlichen Kreditgenossenschaft in Bach verbürgt hatte". Am 9. Mai 1912 wurde die zwischen dieser Genossenschaft und dem Krämer Müller bestandene Geschäftsverbindung gelöst und diesem von dem Darlehenskassenverein in Bach unter Verbürgung des Widerklägers Schlau ein Kredit eröffnet. Gleichzeitig verpfändete Müller die für ihn auf Pl.Nr. 1 eingetragene Hypothek dem Widerkläger Schlau für alle aus dem neuen Bürgschaftsverhältnisse entstehenden Ansprüche, indem der Darlehenskassenverein die der Kreditgenossenschaft gegen Müller zustehende Forderung befriedigte, auf Anweisung des Müller im Einverständnisse mit Schlau die Verpfän-

dungsurkunde vom 8. Dezember 1911 und den Hypothekenbrief von der Kreditgenossenschaft ausgehändigt erhielt und für Schlau in Besitz und in Verwahr nahm. Auf Grund der mit dem Darlehenskassenverein eingegangenen Geschäftsverbindung hätte Müller dem Verein am 9. August ds. Js. 3000 ℳ nebst 4% Zinsen hieraus seit dem 9. Juli ds. Js. zahlen sollen. Da aber Müller nicht zu zahlen vermochte und, wie offenkundig ist, zahlungsunfähig ist, wird der Widerkläger von dem Darlehenskassenverein aus der Bürgschaft in Anspruch genommen. Er ist sohin nach den §§ 1285, 1282, 1228 BGB. berechtigt, nunmehr den von ihm unbestritten an den Darlehenskassenverein zu zahlenden Betrag zu seiner Deckung aus dem Pfande einzuziehen.

Hierauf erwiderte der Rechtsanwalt Streiter:

Die tatsächlichen Angaben, mit denen der Gegner meine Sachverhaltsdarstellung im Interventionsprozeß ergänzte, werden von mir nicht bestritten, dagegen kann ich die Folgerungen, die er daraus ziehen will, nicht für gerechtfertigt erachten. Eine nichtige Schenkung kann durch eine nachträgliche Genehmigung nicht zu Kräften kommen. Überdies wäre die Genehmigung selbst wieder rechtsunwirksam; denn sie hätte der notariellen Verlautbarung oder zum mindesten der Form des § 29 der Grundbuchordnung bedurft. Wegen des gleichen Mangels wäre auch die Zustimmungserklärung des Leicht nichtig. Übrigens hätte, wie sich aus der Vorschrift des § 40 Abs. 1 der Grundbuchordnung ergibt, Huber das Eigentum an dem Grundstück Pl.Nr. 1 nur dann an Maier übertragen können, wenn es ihm vorher übertragen worden wäre. Dieses Erfordernis konnte aber durch eine bloße Zustimmungserklärung nicht ersetzt werden.

Selbst wenn aber die Schenkung als rechtsgültig angenommen werden könnte, so würden der Tauschvertrag und die sich daran anschließende Auflassung gleichwohl nichtig sein. Diese Nichtigkeit ergibt sich nämlich auch daraus, daß sich, wie ich nunmehr in Ergänzung der Klageschrift ausdrücklich geltend machen will, bei der Schließung

des Tauschvertrags der Generalbevollmächtigte Schwarz über das von ihm vertauschte Grundstück im Irrtum befand. Die infolge dieses wesentlichen Irrtums eingetretene Nichtigkeit des notariellen Vertrags vom 4. August 1911 konnte durch die nachträglichen formlosen und daher rechtsunwirksamen Verabredungen nicht behoben werden.

Von einer Gutgläubigkeit des Kommissionärs Schlau kann nicht die Rede sein. Denn er hat die Umstände genau gekannt, unter denen Huber das Grundstück erworben und die Hypothek für die Forderung des Schlau gegen Müller bestellt hat.

Gegenüber der Widerklage habe ich folgendes zu sagen:

Ich bezweifle zunächst, ob nicht eine Widerklage gegenüber dem Hauptintervenienten grundsätzlich ausgeschlossen ist.

Nur vorsorglich gehe ich deshalb auf die Widerklage auch sachlich ein:

Auf die Verpfändung vom 9. Mai 1912 kann der Klaganspruch nicht gestützt werden; sie ist nicht in rechtsgültiger Weise erfolgt. Zur Neuverpfändung wäre neben der Übergabe des Hypothekenbriefes abermals die Erteilung einer schriftlichen Verpfändungserklärung erforderlich gewesen. Dieses Erfordernis wurde aber durch die Aushändigung der Verpfändungsurkunde vom 8. Dezember 1911 nicht ersetzt. Denn der Verpfänder hätte eine die neue Verpfändungserklärung enthaltende Urkunde unterzeichnen und dem Pfandgläubiger aushändigen müssen. Hiezu hätte aber nicht einmal eine Blankoverfügung, geschweige denn die Wiederverwendung der alten Verpfändungsurkunde genügt. Diese kann für die neue Verpfändung nicht mehr Geltung haben. Jeder Zweifel an der Richtigkeit dieser Auffassung muß schwinden, wenn der Inhalt der alten Urkunde in Betracht gezogen wird. Dieser bezieht sich nicht auf den Darlehenskassenverein, sondern auf die landwirtschaftliche Kreditgenossenschaft. Als Zeit der Niederschrift der Urkunde ist dementsprechend der 8. Dezember 1911 angegeben, während die zweite Hingabe des Schriftstücks erst am 9. Mai 1912 erfolgt ist. In der Ur-

kunde kann sohin ein rechtswirksamer schriftlicher Ausdruck der am 9. Mai 1912 erteilten Verpfändungserklärung nicht gefunden werden. Diese ist daher nicht rechtsbeständig geworden.

Selbst wenn aber, wie nicht, eine rechtsgültige Verpfändung gegeben wäre, könnte hieraus der Widerklagsanspruch nicht abgeleitet werden. Zwar kann nicht bestritten werden, daß der Krämer Müller zahlungsunfähig ist und sich der Darlehenskassenverein daher an den Kläger hält; der Bürge hat aber keinen Geldanspruch, sondern nur den Anspruch auf Befreiung von der Bürgschaft.

Rechtsanwalt Falk entgegnete sodann:

Die Geltendmachung des Irrtums des Generalbevollmächtigten Schwarz ist eine Änderung des Grundes der Interventionsklage. Einer jeden Klageänderung widersetze ich mich auf das Entschiedenste.

Hierauf führte Rechtsanwalt Wolf aus:

Ich habe im Gegensatze zu meinem Herrn Vorredner gegen die Klageänderung nichts zu erinnern. Allein der Versuch des Gegners, den Tauschvertrag wegen Irrtums anzufechten, scheitert schon daran, daß die Anfechtung verspätet ist. Abgesehen davon ist, wie der Gegner selbst zugibt, der Irrtum durch die nachträgliche Verabredung der Vertragsteile behoben worden. Es besteht nicht der mindeste Grund, die Rechtsbeständigkeit dieser Verabredung in Zweifel zu ziehen. Wegen der Gutgläubigkeit des Beklagten Schlau brauche ich kein Wort zu verlieren. Allerdings hat er die Umstände gekannt, unter denen Huber das Grundstück erworben und die Hypothek bestellt hat. Hätte er sich aber im schlechten Glauben befunden, dann würde er selbstverständlich das Hypothekgeschäft nicht eingegangen haben.

Zu den Einwendungen, die der Beklagte Huber gegenüber meiner Klage vorgebracht hat, kann ich mich kurz fassen. Der § 1163 BGB. findet auf die Grundschuld keine Anwendung, weil eben diese von der Forderung völlig losgelöst ist.

Die Zweifel des Rechtsanwalts Streiter über die Zulässigkeit meiner Widerklage kann ich nicht teilen. Die Interventionsklage des Hauptintervenienten ist eine gewöhnliche Klage, gegen sie ist deshalb auch eine Widerklage möglich.

Hierauf ergriff Rechtsanwalt Streiter das Wort:

Der Tauschvertrag vom 4. August 1911 ist rechtzeitig wegen Irrtums angefochten worden. Denn Maier hat sofort, als er bei der Besprechung mit Huber die Verwechslung des Pointfelds erkannte, diese geltend gemacht. Darin liegt die Anfechtung.

Schließlich bemerkte noch Rechtsanwalt Falk:

Ich möchte mich nur auf eine Bemerkung gegenüber der Klage beschränken.

Es ist nicht abzusehen, warum der § 1163 bei der Grundschuld dann keine Anwendung finden soll, wenn, wie hier, eine Grundschuld zur Sicherung einer Forderung bestellt ist und die Forderung nicht zur Entstehung gelangt.

Selbst wenn man aber die vorangezogene Gesetzesbestimmung auf die Grundschuld nicht anwenden würde, so wäre mit der Verneinung der Eigentümergrundschuld noch nicht die Entstehung der bestellten Grundschuld zu verneinen. Allerdings stände diese dem Grundschuldgläubiger und nicht dem Grundschuldbesteller zu. Allein der letztere hätte auf Grund des der Grundschuldbestellung zugrunde liegenden Vertrags und auf Grund des § 812 BGB. das Recht auf Rückübertragung der Grundschuld und an Stelle dieses Rechtes wäre nunmehr nach § 92 des Zwangsversteigerungsgesetzes der Anspruch auf den Erlös getreten.

Auf Befragen des Vorsitzenden erklärten die Anwälte, daß sie die tatsächlichen Behauptungen des Gegners, soweit sie in der Verhandlung nicht ausdrücklich bestritten wurden, als richtig anerkennen und Anträge auf Beweisaufnahme nicht stellen wollen.

Der Vorsitzende schloß sodann die mündliche Verhandlung und verkündete Beschluß des Gerichts, daß zur

Verkündung der Entscheidung Termin auf den 10. Dezember 1912 Nachmittag 6 Uhr bestimmt ist.

Die Prüflinge haben die auf Grund der vorstehend geschilderten mündlichen Verhandlung zu erlassende Entscheidung nach Maßgabe der Zivilprozeßordnung zu entwerfen. In den Entscheidungsgründen sind die sämtlichen in den Parteivorträgen geltend gemachten rechtlichen Gesichtspunkte zu würdigen.

Die Darstellung des Tatbestandes hat zu unterbleiben.

---

1. Aufgabe der zweiten Abteilung der schriftlichen Prüfung.

Arbeitsfrist: 4 Stunden.

Die Fabrikantenswitwe Anna Müller, geb. Neu, wohnhaft in Bad Kissingen, fand sich am 29. November 1907 bei dem K. Bezirksamte Kissingen ein und bat um Feststellung ihrer Heimat. Zur Begründung brachte sie vor: Da es ihr nicht mehr möglich sei, die Kosten für ihre seit langen Jahren in der Irrenanstalt untergebrachte Tochter Lina selbst zu bestreiten, habe sie sich an den Armenpflegschaftsrat ihrer Heimatgemeinde Bad Kissingen mit der Bitte um Kostenübernahme gewandt, sei jedoch mit dem Bemerken abgewiesen worden, daß ihre und ihrer Familie Heimatberechtigung nicht anerkannt werden könne. Sie finde diese Weigerung unbegründet, da ihr am 3. Mai 1905 in Bad Kissingen verstorbener Ehemann Georg Müller die Heimat in dieser Stadt s. Z. gegen Bezahlung der vorschriftsmäßigen Gebühr erworben und bis zu seinem Tode beibehalten habe.

Der hierauf einvernommene Stadtmagistrat Bad Kissingen faßte am 15. Dezember 1907 folgenden Beschluß:

Es sei richtig, daß dem Georg Müller nebst seiner Ehefrau und seinen Kindern:

1. Lina, geb. 16. März 1870,
2. Otto, geb. 18. April 1871,
3. Emma, geb. 20. Mai 1873,
4. Julius, geb. 6. Juni 1874,
5. Max, geb. 13. Oktober 1877

durch Beschluß des Stadtmagistrats vom 5. November 1888 die Heimat in Bad Kissingen auf Ansuchen gegen Entrichtung der Gebühr verliehen worden sei und daß weder Georg Müller noch dessen Witwe und Nachkommen die Heimat in einer anderen bayerischen Gemeinde erworben hätten. Allein dieser Beschluß entbehre der Rechtsgültigkeit.

Georg Müller sei ursprünglich badischer Staatsangehöriger und in Mannheim wohnhaft gewesen. Um sein Vorhaben, in Bad Kissingen eine große Fabrik zu errichten, besser fördern zu können, sei ihm sehr daran gelegen gewesen, schon vor seiner am 1. Oktober 1888 erfolgten Übersiedelung nach Bad Kissingen die bayerische Staatsangehörigkeit zu erwerben. Aus Entgegenkommen habe der Stadtmagistrat ihm damals beschlußmäßig bescheinigt, daß kein Grund vorliege, der nach §§ 2 bis 5 des Freizügigkeitsgesetzes die Abweisung des Georg Müller rechtfertigen würde. Darauf sei ihm, seiner Ehefrau und seinen vorgenannten Kindern durch Entschließung der K. Regierung von Unterfranken und Aschaffenburg vom 4. Juli 1888 auf Grund eines von der zuständigen badischen Behörde ausgestellten Staatsangehörigkeitsausweises die Aufnahme in den bayerischen Staatsverband erteilt worden.

Georg Müller habe aber dessenungeachtet die bayerische Staatsangehörigkeit nicht erworben, da das gesetzliche Erfordernis der vorgängigen Niederlassung in Bayern nicht vorgelegen sei und dieser Mangel die Nichtigkeit der Aufnahmeurkunde zur Folge habe. Deshalb müsse der Stadtmagistrat auch die Heimatberechtigung der Witwe Müller und ihrer Kinder bestreiten.

Die vom K. Bezirksamt nunmehr gepflogenen umfangreichen Erhebungen über die Verhältnisse sämtlicher Glieder der Familie Müller führten zu folgendem Ergebnis:

1. Die Witwe Anna Müller hat seit ihrer Übersiedelung nach Bad Kissingen ihren Wohnsitz dort behalten.

2. Lina Müller befindet sich seit 17. Dezember 1887 wegen unheilbarer Geisteskrankheit in einer Irrenanstalt; die Vormundschaft über sie ist ihrer Mutter übertragen.

3. Otto Müller war auf Antrag seines Vaters durch die zuständige badische Behörde mit Urkunde vom 14. Januar 1885 aus der badischen Staatsangehörigkeit entlassen worden und hatte sich vom 27. Februar 1885 bis 19. September 1886 zum Zwecke des Studiums in der Schweiz aufgehalten; darauf war er in das Elternhaus zurückgekehrt. Er wurde zwar in den badischen Staatsverband nicht wiederaufgenommen, doch unterblieb in dem Staatsangehörigkeitsausweis vom 15. Juni 1888, den die badische Behörde für seinen Vater zum Zweck der Aufnahme in den bayerischen Staatsverband ausstellte, ein hierauf hinweisender Vermerk. Otto Müller hielt sich vom Jahre 1886 an stets in Deutschland auf und ist z. Z. Ingenieur in München; eine andere Staatsangehörigkeit hat er nicht erworben.

4. Emma Müller ist seit 15. September 1897 Lehrerin an der städtischen höheren Mädchenschule in Schweinfurt, wo sie zuvor die Stelle einer Schulverweserin an der protestantischen Volksschule bekleidet hatte. Ihre Anstellung an der höheren Mädchenschule erfolgte durch Entschließung der K. Regierung von Unterfranken und Aschaffenburg, Kammer des Innern, vom 3. September 1897, die folgenden Wortlaut hat:

„Auf den Vorschlag des Stadtmagistrats Schweinfurt wird die für den Unterricht in der französischen Sprache geprüfte und seminaristisch gebildete derzeitige Schulverweserin Emma Müller zur Lehrerin für die französische Sprache an der städtischen höheren Töchterschule in Schweinfurt vom

15. September 1897 an mit dem ausgeworfenen Gehalt ernannt."

Die damals gültige, von den Gemeindekollegien der Stadt Schweinfurt beschlossene und von der K. Regierung genehmigte Satzung der höheren Töchterschule zu Schweinfurt vom 17. November 1881 enthält folgenden in Betracht kommenden § 10:

„I. Die Ernennung der Hauptlehrer (Lehrerinnen inbegriffen), dann des Direktors der Anstalt erfolgt auf Antrag des Stadtmagistrats durch die Regierung.

II. Die Hauptlehrer, welche die Vorbedingungen für das Lehramt an den Volksschulen erfüllt haben, erlangen durch ihre Ernennung die rechtliche Stellung städtischer Volksschullehrer.

III. Die rechtliche Stellung der übrigen Hauptlehrer wird bei deren Anstellung vom Stadtmagistrat geregelt."

Ein besonderer Dienstvertrag wurde zwischen Emma Müller und der Stadtgemeinde Schweinfurt weder bei der Anstellung noch später geschlossen.

5. Julius Müller wanderte am 8. Januar 1892 nach Amsterdam aus und behielt seinen Wohnsitz dort bei, bis er am 11. August 1905 starb. Am 2. März 1896 verehelichte er sich dort mit der englischen Staatsangehörigen Grace Taylor; zur Erholung eines Verehelichungszeugnisses hielt er sich als badischer Staatsangehöriger nicht für verpflichtet. Anfangs Februar 1904 mußte Julius Müller wegen Geisteskrankheit in eine Irrenanstalt verbracht werden, wo er bis zu seinem Tode verblieb. Da er gleich vom Beginn seiner Erkrankung an völlig willensunfähig war, stellte die zuständige holländische Behörde unterm 7. März 1904 den Rechtsanwalt Snyder als seinen Vormund auf. Nach seinem Tode verlegte seine Witwe ihren Wohnsitz sogleich nach London.

6. Max Müller wohnt seit 17. November 1897 ohne Unterbrechung in Prag, wo er sich als Ingenieur niedergelassen hat. Um sich die Reichsangehörigkeit zu erhalten, wandte er sich auf den Rat eines Freundes am

18. Oktober 1907 an das Kaiserl. Deutsche Generalkonsulat in Prag mit der Bitte um Eintragung in die Konsulatsmatrikel. Da er nicht imstande war, den Nachweis der Reichsangehörigkeit sogleich durch einen Heimatschein zu liefern, gab der Konsulatsbeamte seiner Bitte keine Folge, sondern bedeutete ihm, er solle sich zunächst einen Heimatschein oder einen Reisepaß von seiner Heimatbehörde verschaffen. Als er demzufolge an das K. Bezirksamt Kissingen im November des gleichen Jahres das Gesuch um Ausstellung eines Heimatscheins richtete, erhielt er im Februar 1908 den Bescheid, daß das Bezirksamt z. Z. seinem Wunsche nicht entsprechen könne, da der Stadtmagistrat Bad Kissingen die Anerkennung der Heimat verweigere; nach Feststellung seiner Heimat werde man auf sein Ansuchen zurückkommen. Bei diesem Bescheide beruhigte sich Max Müller; er unterließ weitere Schritte beim Generalkonsulat. Vorher schon, am 22. November 1905, hatte er sich nach Beibringung eines vom K. Bezirksamt Kissingen ausgestellten Verehelichungszeugnisses in Prag mit der hessischen Staatsangehörigen Karoline Lehmann verehelicht; diese brachte ein am 3. August 1897 geborenes, von dem Architekten Karl Schneider aus Salzburg erzeugtes Kind namens Josef (Lehmann) mit in die Ehe. Karoline Lehmann hatte sich von ihrer Geburt an in München aufgehalten, bis sie Ende Oktober 1905 nach Prag verzog; ihr uneheliches Kind war gleich nach seiner Geburt nach Wien verbracht worden und dort verblieben, bis es der nunmehr als sein Vormund bestellte Max Müller unmittelbar nach der Eheschließung zu sich nahm.

Nach den Feststellungen des Bezirksamts haben sich Julius und Max Müller sowie Josef Lehmann beim Austritt aus dem Reichsgebiet nicht im Besitz eines Reisepapiers oder eines Heimatscheins befunden, auch haben sie oder ihre Familienglieder während des Aufenthalts im Ausland keine derartigen Papiere ausgestellt erhalten. Auch um die Eintragung in die Matrikel eines Reichskonsulats haben Julius Müller oder dessen Vormund

und Ehefrau, sowie der gesetzliche Vertreter des Josef Lehmann niemals für sich und ihre Mündel nachgesucht. Aus dem bayerischen Staatsverbande ist keiner der Beteiligten entlassen worden, aus dem badischen nur Otto Müller.

Von den Beteiligten nahmen die Witwe Müller für sich und ihre Tochter Lina, dann Otto und Max Müller, dieser zugleich für sein Mündel Josef Lehmann, das Heimatrecht in Bad Kissingen in Anspruch, ebenso die Ehefrau des Max Müller, Karoline Müller. Emma Müller erachtete sich nicht für streitbeteiligt, da sie durch ihre Anstellung an der höheren Töchterschule in Schweinfurt dort die Heimat erworben habe. Die Witwe Grace Müller sprach den Wunsch aus, in der Heimatsache nicht mehr behelligt zu werden; sie leiste auf die deutsche Reichsangehörigkeit und die Heimat in Bad Kissingen förmlich Verzicht.

Der Stadtmagistrat Bad Kissingen, zum Vorbringen der Beteiligten nochmals einvernommen, faßte am 6. Juni 1912 den nachstehenden Beschluß:

Die Heimatberechtigung der ganzen Familie Müller müsse aus dem früher schon erwähnten Grunde bestritten werden. Überdies komme noch in Betracht, daß Lina Müller bereits z. Z. der Aufnahme ihres Vaters in den bayerischen Staatsverband wegen Geisteskrankheit völlig willensunfähig gewesen sei, weshalb die von ihrem Vater erschlichene Aufnahme in den Staats- und Heimatverband unmöglich rechtswirksam sein könne. Bei Kenntnis der wahren Sachlage hätte sich der Stadtmagistrat nie zur Ausstellung der in § 7 des Staatsangehörigkeitsgesetzes geforderten Bescheinigung und zur Verleihung der Heimat entschlossen. Die Aufnahme des Otto Müller in den bayerischen Staatsverband entbehre unter allen Umständen der Rechtsgültigkeit, da er nach dem Verluste der badischen Staatsangehörigkeit keinen Anspruch auf Aufnahme in den bayerischen Staatsverband gehabt habe und die Verleihung der bayerischen Staatsangehörigkeit nur auf dem Wege der Naturalisation hätte erfolgen können. Von einer Heimat-

verleihung hätte der Stadtmagistrat s. Z. sicher abgesehen, wenn er den Otto Müller nicht für einen Reichsangehörigen gehalten hätte. Der Auffassung der Emma Müller, daß sie die Heimat in Schweinfurt besitze, sei beizupflichten.

Bezüglich der Witwe Grace Müller werde eine Entscheidung nicht veranlaßt sein, da in ihrer Erklärung ein unbedingter Verzicht auf die deutsche Reichsangehörigkeit und die Heimat liege; zu dem habe sie durch mehr als zehnjährigen ununterbrochenen Aufenthalt im Ausland unzweifelhaft die bayerische Staatsangehörgikeit verloren. Das letztere treffe auch auf Max Müller und Josef Lehmann zu. Gleichzeitig mit ihrem Ehemanne habe auch Karoline Müller, obzwar sie sich erst seit Ende Oktober 1905 im Auslande aufhalte, die Staatsangehörigkeit verloren; das gelte in gleicher Weise auch für Josef Lehmann.

In formeller Hinsicht stehe die Zuständigkeit des K. Bezirksamts nicht ganz außer Zweifel, da die Stadt Bad Kissingen mit Wirksamkeit vom 1. Januar 1908 an in die Klasse der kreisunmittelbaren Städte eingereiht worden sei (GVBl. 1907 S. 849); es seien deshalb auch die Gemeindebevollmächtigten gehört worden und diese hätten sich mit Beschluß vom 31. Mai 1912 ganz dem Standpunkte des Stadtmagistrats angeschlossen und die vorstehenden Darlegungen über die Nichtanerkennung der Heimat der Müller'schen Familie gutgeheißen. Doch wolle der Magistrat nichts dagegen erinnern, daß das bisher mit der Sache befaßte Bezirksamt entscheide.

Der Stadtmagistrat Schweinfurt äußerte mit Beschluß vom 7. Juli 1912 Zweifel darüber, ob Emma Müller tatsächlich die Heimat dort erworben habe, da Abs. II des § 10 der früheren Satzung nicht die Hauptlehrerinnen erwähne.

Von den beteiligten Familiengliedern äußerte sich noch Max Müller über das Vorbringen der Gemeindekollegien von Bad Kissingen; er bestritt entschieden den Verlust der Staatsangehörigkeit, da er durch seinen Antrag

auf Eintragung in die Konsulatsmatrikel seinen auf Beibehaltung der Reichsangehörigkeit gerichteten Willen kundgegeben habe. Die unbegründete Abweisung durch das Konsulat und die Verweigerung des Heimatscheins durch das Bezirksamt, das zu dessen Ausstellung verpflichtet gewesen sei, könne doch nicht ihm zur Last fallen. Jedenfalls besäße aber seine Ehefrau noch die Heimat in Bad Kissingen, da ihr Aufenthalt im Ausland zehn Jahre noch nicht umfasse.

Das wegen allenfallsiger Beteiligung des Staatsärars einvernommenen K. Regierungsfiskalat von Unterfranken und Aschaffenburg erklärte, daß die Heimatberechtigung der Angehörigen der Familie Müller in Bad Kissingen nicht zu bestreiten sei und deshalb gegen eine Belastung des Staatsärars Einspruch erhoben werde.

Aufgabe:

1. Welche Behörde ist zur Entscheidung zuständig?
2. Wie hat die Entscheidung zu lauten?

In der Begründung ist das gesamte Vorbringen der Beteiligten eingehend zu würdigen. Die Wiedergabe des Tatbestandes ist erlassen.

---

2. Aufgabe der zweiten Abteilung der schriftlichen Prüfung.

Arbeitsfrist: 4 Stunden.

Der zu Beginn des Jahres 1912 in der rechtsrheinischen katholischen Pfarrei Fabach neu ernannte Pfarrer Z. gab in der ersten von ihm geleiteten Sitzung der Verwaltung der zu seinem Pfarrsprengel gehörigen Filialkirchenstiftung Miesing am 3. März l. Js. folgende Beratungsgegenstände bekannt:

1. Behebung unvorhergesehener größerer Schäden am Dachstuhlgebälke der Filialkirche Miesing, Bedarf 300 *M.*

2. Gesuch des filialgemeindlichen Krippenvereins in Miesing (Vorstandschaft Pfarramt) um einen einmaligen Zuschuß für Einrichtung: 100 ℳ.

3. Gesuch der Pfarrkirchenstiftung Fabach um Deckung ihrer Mehrausgaben im Jahre 1911 für kuratelamtlich angeordnete notwendige Maßnahmen: 450 ℳ.

4. Gesuch des Kirchenverwaltungsmitgliedes A. in Miesing und Genossen um Errichtung einer Pfarrei in Miesing.

Unter näherer Darlegung der Gründe beantragte der Vorstand zu Nr. 1—3 Bewilligung und zwar für Nr. 2 und 3 unter Hinweis auf den Aktivrest der Filialkirchenstiftung, der nach der bereits revidierten Rechnung für 1911 1600 ℳ, sohin um 50 ℳ mehr als der grundetatmäßige Anschlag betrage; zu Nr. 4 regte er Aussetzung der Beschlußfassung an, damit er sich selbst noch über Einzelheiten genauer unterrichte.

Das Mitglied A. erklärte seine Zustimmung zu Nr. 1, jedoch mit der Einschränkung, daß die Arbeit dem in Miesing ansässigen, geprüften Zimmermeister N. zu übertragen und das Mitglied B. als ehemaliger Zimmerer mit der Vertretung der Filialkirchenstiftung beim Vertragsschluß und bei der Arbeitsüberwachung zu beauftragen sei. Dem Antrage zu Nr. 2 trete er angesichts des Segens dieses Unternehmens bei. Der Genehmigung eines Betrages zur Deckung des Fehlbetrages bei der Pfarrkirchenstiftung trete er entgegen; abgesehen davon, daß die Anforderung der Pfarrkirchenstiftung an den Überschuß der Filialkirchenstiftung aus 1911 wohl die zulässige Grenze überschreite, müsse die Filialkirchenstiftung angesichts ihrer eigenen, mit der nahen Errichtung einer Pfarrei in Miesing steigenden Bedürfnisse ihre Mittel zusammenhalten; darum beantrage er Ablehnung des Gesuches und sofortige Vereinigung des verbleibenden Aktivrestes mit dem Grundstockvermögen. Endlich ersuche er zum letzten Punkte heute wenigstens um Mitteilung, ob überhaupt und bejahendenfalls in welcher Weise zur Deckung des für einen Pfarrer in Miesing erforderlichen Mindesteinkommens von 2400 ℳ

die bekanntermaßen in Miesing vorhandenen verschiedenen Stiftungsmittel etwa herangezogen werden könnten.

Der Vorstand nahm hierauf zunächst Anlaß, sich gegen die von A. zu Nr. 1 der Tagesordnung bekundete Auffassung, daß ihm — zumal gegen seinen Willen — der Vollzug der Beschlüsse der Filialkirchenverwaltung durch die Mitglieder entwunden werden könne, nachdrücklich zu verwahren. Die Vorstandschaft und damit die Geschäftsleitung seien unentziehbares Recht und Pflicht des Pfarrers und mit dem Pfarramt unzertrennlich verbunden. Gegen den Versuch der Schmälerung seiner Vorstandsbefugnisse werde er den behördlichen Schutz anrufen. Sachlichen Gründen für Vergebung der Arbeiten an den ihm auch von anderer Seite bereits empfohlenen Zimmermeister N. unterwerfe er sich gerne, aber der Vollzug gebühre und obliege grundsätzlich ihm selbst.

Die Besorgnisse des A. hinsichtlich der Leistungsfähigkeit der Filialkirchenstiftung Miesing seien nicht begründet. Die Errichtung der Pfarrei Miesing komme außerdem in diesem Jahre nicht mehr in Frage. Hienach werde eine Ablehnung, die zudem zur Deckung des Passivrestes durch Umlagenerhebung führen müßte, kaum zu vertreten sein. Die Rechnungen früherer Jahre zeigten die Abführung erheblich höherer Beträge aus den Erübrigungen der Filialkirchenstiftung Miesing an die Pfarrkirchenstiftung, ohne daß revisorische Beanstandungen sich ergeben hätten.

Auf die Anfrage des A. zu Nr. 4 der Tagesordnung könne er aus einer von seinem verstorbenen Amtsvorgänger hinterlassenen Aufschreibung mitteilen, daß dieser mit einer möglichen Dotation der zu errichtenden Pfründestiftung aus drei Quellen gerechnet habe.

Als Grundlage sei der „Joseph und Maria Hubersche Pfarrstiftungsfonds“ gedacht, der im Jahre 1886 durch ein Kapitalsvermächtnis der genannten Huberschen Eheleute „an die Filialkirchenstiftung Miesing zum Zwecke der Errichtung einer Pfarrei in Miesing nach Ansammlung der genügenden Mittel“ begründet worden und ausweislich der bereits revidierten Filialkirchenstiftsrechnung für 1911 auf den Betrag von 37 400 ℳ angewachsen sei.

Die erwähnte Ausschreibung nenne sodann an zweiter Stelle die „Expositur in Miesing". Der allgemeine Wunsch, „für die beiden zur Filiale gehörigen Gemeinden Miesing und Pfirsching in Miesing einen eigenen Priester und täglichen Gottesdienst — insbesondere auch für die Kinder des mit der Filialkirchengemeinde übereinstimmenden Schulsprengels — zu erlangen", habe, wie die Akten entnehmen lassen, im Jahre 1822 zwei erbenlose Geschwister zur Errichtung einer diesem nämlichen Zwecke gewidmeten, mit Kapital und Wohnhaus ausgestatteten, der gemeindlichen Verwaltung unterstellten Stiftung veranlaßt, die auch die Landesherrliche Bestätigung erhalten habe. Das zum Zwecke der Verwirklichung der Intention der Stifter durch den Gemeindeausschuß angegangene Ordinariat habe „für die Dauer der Überweisung des versprochenen Wohnungsgenusses und der vollen Renten des Expositurfonds" die Besetzung zugesagt und die Filialgemeinde habe von 1823 bis 1885 sich ununterbrochen der Expositur erfreut; seitdem letztere ab 1885 wegen Priestermangels nicht mehr habe besetzt werden können, seien die Vermögensrenten nebst dem Erträgnisse aus der Vermietung des Wohnhauses jährlich admassiert worden, so daß die letzte, gemeindlicherseits erstellte Rechnung einen Kapitalienstand von 16 250 ℳ ersehen lasse.

An dritter Stelle sei die unterm 10. Januar 1902 staatlich genehmigte „A. Müllersche Marienstiftung" angeführt; sie verfolge nach dem vorliegenden Stiftungsbriefe den Zweck, „die Abhaltung der jährlichen Maiandachten in der gemeindlichen Marienkapelle in Miesing durch einen Priester zu sichern, dem dafür die vollen Renten zu überweisen seien. Die Verwaltung und Ausrichtung der Stiftung komme dem jeweiligen Bürgermeister und den beiden ältesten Ausschußmitgliedern in Miesing zu, habe aber im Falle der Errichtung einer Pfarrei in Miesing auf den Pfarrer oder dessen Stellvertreter überzugehen." Weitere Bestimmungen seien in der Stiftungsurkunde nicht enthalten. Die Andachten habe sein Amtsvorgänger gehalten; einem künftigen Ortspfarrer in Mie-

sing werde die Erfüllung der stiftungsmäßigen Auflagen noch leichter sein. Der rechnungsmäßig am 31. Dezember 1911 ausgewiesene Kapitalienstand dieser Stiftung beziffere 2500 ℳ.

Endlich habe er selbst im Nachlasse seines Amtsvorgängers in Fabach ein mit dem Pfarrsiegel verschlossenes Paket mit der Aufschrift „dem Pfarramte Fabach unterm 1. XII. 1911 für Gottesdienste in der Filialkirche zu Miesing übergeben" und mit einem Inhalt von 4000 ℳ Nominal in 3,5%igen Wertpapieren vorgefunden; Forschungen nach dem Schenker oder nach weiteren Notizen zu diesem Pakete seien ergebnislos verlaufen.

Auch die beiden letztgenannten Kapitalbestände seien wohl für die Dotierung der Pfründe zu verwenden.

Falls seine und seines Vorgängers Annahme zutreffe, seien ohne die nur auf ca. 150 ℳ zu schätzenden Einnahmen aus Stolgebühren und sonstigen Leistungen bei Zugrundelegung eines 3½%igen Zinsfußes zurzeit bereits ca. 2100 ℳ Jahreszins aus den Stiftungen zu erreichen. Unter Einrechnung des Zinsenanfalles der Zwischenzeit, soweit Admassierung zulässig sei, werde somit das Mindesteinkommen in nicht zu ferner Zeit erreicht werden. Da er sich über die näheren Erfordernisse der Vereinigung oder sonstigen Heranziehung dieser vier, auch rechtlich wohl unterschiedlichen Stiftungen zur Pfründestiftung unklar sei und beim K. Bezirksamte Rat erholen wollte, habe er Aussetzung der Beschlußfassung beantragt, hoffe aber noch vor Ostern l. Js. den Kirchenverwaltungsmitgliedern die nötigen Aufklärungen geben zu können.

Bei der anschließenden Abstimmung erfolgte die einstimmige Annahme seiner Anträge zu Nr. 2 und 4 der Tagesordnung, während seine Anträge zu Nr. 1 und 3 mit Mehrheit abgelehnt und die Gegenanträge des A. angenommen wurden.

Pfarrer Z. sandte noch am nämlichen Tage einen genauen Bericht über die ganze Sitzung an das Bezirksamt und bat um baldige und ausführliche Rechtsbelehrung.

Die bezirksamtliche Weisung ist auszuarbeiten; hiebei sind sämtliche Anträge und Beschlüsse und insbesondere die Frage, ob überhaupt, bejahendenfalls in welcher Weise und unter welchen Voraussetzungen eine Dotierung der neuen Pfarrpfründestiftung auf dem gedachten Wege erfolgen kann, zu prüfen und unter Anführung der Zuständigkeits- und übrigen einschlägigen Vorschriften zu erörtern.

---

3. Aufgabe der zweiten Abteilung der schriftlichen Prüfung.

Arbeitsfrist: 4 Stunden.

Der Zivilingenieur Eugen Huber von Landau-Pfalz suchte mit Eingabe vom 26. Juni 1912 unter Beifügung der erforderlichen Pläne, Zeichnungen und Beschreibungen beim Magistrat der unmittelbaren Stadt Landau um die Genehmigung zur Errichtung einer „Benzin-Extraktionsanlage" auf den Grundstücken Pl.-Nr. 393, 394, 395 und 396 der Steuergemeinde Landau nach. Dieses rund 3 ha umfassende Terrain liegt etwa 1200 m östlich der Stadt in der Gewanne „Horst". Es wurde von Huber laut vorgelegten Notariatsvertrages vom 4. März 1912 aus dem dortigen Besitztum der Stadt Landau zum hohen Preise von 18 000 ℳ gekauft, jedoch mit der Bestimmung, daß die Wirksamkeit des Vertrages von der Genehmigung der Fabrikanlage durch die zuständige Verwaltungsbehörde abhängig sei. Die zu dieser Veräußerung gemeindlichen Areales erforderliche Regierungsgenehmigung war seitens des Stadtmagistrates schon vorher unter Vorlage des Vertragsentwurfes erwirkt worden.

Die vorgelegten Baupläne trugen die Unterschriften sämtlicher nach den baupolizeilichen Vorschriften in Betracht kommenden Nachbarn.

Aus den Beschreibungen der neuen Anlage ist hier folgendes hervorzuheben:

Es sollen Rohknochen, die auf eigenem Industriegeleise in geschlossenen Eisenbahnwaggons angeliefert werden, auf Knochenfett, Knochenschrot und Knochenmehl verarbeitet werden. Die ersteren beiden werden als Halbfabrikat zur weiteren Verarbeitung, letzteres als fertiges Düngermittel in den Handel gebracht. Die Knochen werden in einem Raum des Fabrik-Hauptgebäudes sortiert und zerkleinert, sodann in einem getrennten Nebengebäude in großen geschlossenen Zylindern mittels heißer Benzindämpfe entfettet und getrocknet und hierauf in einem anderen Raum des Hauptgebäudes teils zu Knochenschrot weiter zerkleinert, teils zu Knochenmehl zermahlen. Eine Lagerung von Rohknochen findet nicht statt; der Betrieb wird vielmehr so eingerichtet, daß das täglich eintreffende Knochenquantum jeweils ohne Verzug, nötigen Falles unter Zuhilfenahme von Nachtschichten, aufgearbeitet wird. Alle anfallenden Abwässer werden in wasserdichten Gruben gesammelt, desinfiziert und geruchlos gemacht und sodann als Düngermittel verwendet. Das Extraktionsgebäude und das Benzinlagerhaus bleiben von allen bewohnten Gebäuden 25 m entfernt und werden mit Blitzableitern versehen. (VO. vom 9. Juni 1902 betr. leicht entzündliche flüssige Stoffe.) Die ganze Fabrik wird elektrisch betrieben und beleuchtet und zu diesem Zweck an das Elektrizitätswerk der Stadt Landau angeschlossen; prinzipielle Zustimmung der städtischen Kollegien liegt hiezu bereits vor.

Der Stadtmagistrat vergewisserte sich zunächst durch Einvernahme des K. Gewerberates und des Pfälzischen Gewerbe-Museums in Kaiserslautern, ob auch eine solche „Benzin-Extraktionsanlage“ unter die „Knochenkochereien“ falle. Die Frage wurde von beiden Seiten bestimmt bejaht. Sie betonten insbesondere, daß bei dieser Anlage sich das Verfahren von dem veralteten Auskochen der Rohknochen in offenen Kesseln dadurch schon vorteilhaft unterscheide, daß hier das Auskochen in geschlossenen Zylindern mittels Benzindämpfen erfolge und daß hiebei die

ausgekochten Knochen auch bereits getrocknet würden. Der Zweck sei in beiden Fällen der gleiche, nämlich, neben gründlicher Reinigung der Knochen, die Entfettung derselben und die Gewinnung des Knochenfettes. Dabei nahm der K. Gewerberat Bezug auf Ziffer 22 der Preußischen „Technischen Anleitung", die auch im übrigen Deutschland vielfach als Richtschnur benützt wird.

Der Stadtmagistrat brachte hierauf das Unternehmen in der für solche Fälle vorgeschriebenen Weise zur öffentlichen Kenntnis und benachrichtigte alle ihm bekannten Eigentümer und Besitzer der benachbarten Gebäude und Grundstücke noch besonders durch Zustellung je eines Exemplars des die Bekanntmachung enthaltenden städt. Amtsblattes. Das Ausschreiben enthielt insbesondere die Aufforderung, etwaige Einwendungen gegen die neue Anlage beim Stadtmagistrat schriftlich oder mündlich anzubringen. Die Ausgabe und Verbreitung, sowie die erwähnte Zustellung dieses Blattes erfolgte am Donnerstag den 1. August 1912.

Daraufhin wurden folgende Einwendungen gegen die neue Anlage erhoben:

1. Am 5. August zu Protokoll des Stadtmagistrats von Ernst Jost in Landau, Eigentümer der unmittelbar nördlich anstoßenden Wiese Pl.-Nr. 397. Er erklärte, er habe allerdings die Baupläne unterschrieben, müsse aber nun nach Einsichtnahme der im Magistratsbureau aufgelegten Beschreibungen der Anlage, die ihm vom Unternehmer vorenthalten worden seien, gleichwohl Einspruch gegen das Unternehmen erheben, weil seine Wiese, bisher ein wertvoller Bauplatz, durch die für jedermann lästige Nachbarschaft einer derartigen Fabrik bedeutend an Wert verlieren und er somit ganz außerordentlichen Schaden erleiden würde.

2. Mit Schreiben vom 13., eingelaufen beim Stadtmagistrat am 14. August, vom Vorarbeiter Franz Fischer für sich und namens 12 weiterer Arbeiter der Firma Heinrich Würth & Co., Holz- und Bretterhandlung

in Landau, die ihre Lagerplätze auf den von ihr gepachteten, ca. 30 m südlich der geplanten Huberschen Anlage gelegenen Grundstücken Pl.-Nr. 385 und 386 der Steuergemeinde Landau hat. Die Arbeiter machten geltend, sie wohnten zwar in der Stadt, seien aber tagsüber meist auf jenen Lagerplätzen im Freien beschäftigt und würden so den überaus lästigen und gesundheitsschädlichen Dünsten und Gerüchen aus der neuen Fabrik ausgesetzt sein.

3. Mit Vorstellung vom 15. August (Mariä Himmelfahrt), eingetroffen beim Stadtmagistrat am folgenden Tage, vom Privatier Paul Gros als Besitzer des ca. 40 m westlich des Fabrikterrains liegenden Gartengrundstückes Pl.-Nr. 411 und 412 der Steuergemeinde Landau. Zur Begründung gab er an, er habe sich in seinem Garten eine Sommerwohnung hergestellt und würde es dort vor lauter Übelgerüchen und Fliegenschwärmen aus der Fabrik nicht mehr aushalten können. Überdies würde er sich durch die vom dortigen Extraktionsgebäude und Benzinlagerhaus ständig drohende Explosionsgefahr geängstigt fühlen. Auch mache er sich zum Dolmetsch des Publikums und protestiere in dieser Eigenschaft gegen die Errichtung einer solchen „Odeurfabrik" in jenem von Spaziergängern vielbesuchten Stadtgebiete.

Der Stadtmagistrat leitete nunmehr sämtliche Verhandlungen nacheinander nochmals an den K. Gewerberat und das genannte Gewerbemuseum, dann an den technischen Aufsichtsbeamten der Berufsgenossenschaft der chemischen Industrie, das Stadtbauamt, die K. Versicherungskammer, Abteilung für Brandversicherung, und an den K. Bezirksarzt in Landau mit dem Ersuchen um gutachtliche Äußerung.

Das Ergebnis dieser Äußerungen läßt sich kurz dahin zusammenfassen, daß bei genauer Ausführung der Anlagen nach den vorliegenden Plänen, Zeichnungen und Beschreibungen und bei Auferlegung und Beachtung der in diesen Sachverständigen-Gutachten vorgeschlagenen besonderen Bedingungen durch die neue, allen Anforderungen der modernen Wissenschaft und Technik Rechnung tragende Fabrik nach ihrer Lage und der Beschaffenheit der Betriebs-

stätte erhebliche Nachteile, Gefahren oder Belästigungen für die Besitzer oder Bewohner der benachbarten Grundstücke oder das Publikum überhaupt nicht herbeigeführt würden und daß unter der gleichen Voraussetzung insbesondere auch vom Standpunkte der bestehenden bau-, feuer- und sicherheits- sowie gesundheitspolizeilichen Vorschriften, dann auch des Arbeiterschutzes Bedenken gegen die Genehmigung der Anlage nicht zu erheben seien. Die Hauptfragen der Vermeidung einer Rohknochenlagerung und der unschädlichen Beseitigung der Fabrikabgänge seien einwandfrei gelöst. Jede, auch die geringste Belästigung der Nachbarschaft lasse sich bei einem derartigen Betrieb nicht vermeiden; sie werde aber keinesfalls über das Maß hinausgehen, das in einem auf Gewerbe und Industrie angewiesenen Lande die Nachbarn sich eben gefallen lassen müßten. Die vorherrschende Windrichtung komme hier zudem von Westen. Es müsse auch derartige Industriezweige geben und man könne diese nicht in abgelegenen Gegenden, ferne des Verkehrs verweisen.

In der hierauf am 14. Oktober 1912 abgehaltenen Tagfahrt, zu welcher der Unternehmer und alle Widersprechenden geladen und erschienen waren, wurde vom Verhandlungsleiter, einem rechtskundigen Magistratsrat, zunächst nochmals an der Hand der Pläne und Beschreibungen das Projekt erläutert. Sodann wurden die erhobenen Einwendungen und die sämtlichen Sachverständigen-Gutachten verlesen und die Einsprüche mit den Parteien erörtert. Sämtliche Gegner der Anlage hielten jedoch ihren Standpunkt aufrecht und beantragten die kostenfällige Abweisung des Gesuches.

Ernst Jost brachte noch neu vor, er müsse nun auch deshalb widersprechen, weil nach einer von der Stadtgemeinde übernommenen Verpflichtung bei dem Verkauf des Grundstückes Pl.-Nr. 397 aus ihrem Eigentum der seinen Vorbesitzer laut der inzwischen von ihm aufgefundenen und zu den Akten übergebenen Notariatsurkunde vom 15. April 1901 die Grundstücke Pl.-Nr. 395 und 396 zur Errichtung lästiger gewerblicher Anlagen von der

Stadtgemeinde an niemanden abgetreten oder verpachtet werden dürften.

Ferner stellte Jost vorsorglich den Antrag, die von Huber erbetene Genehmigung keinesfalls in unwiderruflicher Weise zu erteilen.

Der Unternehmer beantragt, ihm unter Abweisung aller Einwendungen die nachgesuchte Genehmigung mit möglichster Beschleunigung zu erteilen. Er berief sich dabei im allgemeinen auf die Sachverständigen-Gutachten und führte im einzelnen noch aus:

Ernst Jost sei an die Unterzeichnung und Anerkennung der Pläne gebunden und könne nicht nachträglich Widerspruch erheben. Dessen in der Tagfahrt noch neu vorgebrachte Einwendung komme unter allen Umständen zu spät; übrigens bestreite er entschieden den Fortbestand der behaupteten Verpflichtung der Stadtgemeinde, die nicht dinglicher, sondern obligatorischer Natur gewesen sei und nur der Person des Vorbesitzers des Jost gegenüber gegolten habe. Den Arbeitern der Firma Würth stehe ein Einspruchsrecht kaum zu. Der Widerspruch des Paul Gros müsse schon deshalb unberücksichtigt bleiben, weil er verspätet erhoben sei. (Dazu wird hier bemerkt, daß Landau nach der letzten Volkszählung 8051 Katholiken und 8794 Protestanten aufweist.) Ob Gros hier als Vertreter des Publikums auftreten könne, lasse er dahingestellt. Der Vorbehalt der Widerruflichkeit der Genehmigung sei mindestens überflüssig, da durch die von den Sachverständigen vorgeschlagene sogenannte Generalklausel, gegen die er nichts einwende, genügend für die Zukunft vorgesorgt sei.

Paul Gros warf noch die Frage auf, ob denn der Stadtmagistrat Landau angesichts des Interesses, das die Stadtgemeinde bei der Sache als Verkäuferin der Grundstücke an Huber und event. Lieferantin der Elektrizität habe, überhaupt selbst Entscheidung in I. Instanz erlassen könne und dürfe; er wolle jedoch zu diesem Punkte keinen Antrag stellen.

Der Versuch des Verhandlungsleiters, eine gütliche Ausgleichung unter den Beteiligten herbeizuführen, blieb

erfolglos, weshalb die Verhandlung geschlossen wurde. Vorher konstatierte der Magistratsreferent noch, daß nach den durch die K. Regierung für vollziehbar erklärten ortspolizeilichen Vorschriften vom 3. Mai 1909 die Gewanne „Horst" in das der Industrie eingeräumte Bebauungsgebiet fällt.

Am 16. Oktober 1912 gelangte noch ein Schreiben des Unternehmers vom 15. Oktober in den magistratischen Einlauf, in dem er beantragt, ihm im ergehenden Bescheid die unverzügliche Bauausführung, eventuell gegen angemessene Sicherheitsleistung zu gestatten, da er sonst bei einem länger dauernden Rekursverfahren bedeutend in seinen Interessen geschädigt würde. Subsidiär bat er, die baupolizeiliche Behandlung der Sache vorweg zu erledigen und ihm einstweilen die baupolizeiliche Genehmigung zu erteilen.

Aufgabe:

Es ist der mit Gründen versehene Magistratsbeschluß zu entwerfen.

Die von den Sachverständigen vorgeschlagenen besonderen Bedingungen, deren Anführung nach Wortlaut und Inhalt entfallen würde, bilden im Genehmigungsfalle der Ziffer 1 mit 15 der Genehmigungsbedingungen, eine etwaige Generalklausel, deren Wortlaut im Genehmigungsfalle festzustellen wäre, Ziffer 16.

Die Aufgabe gilt als Tatbestandsdarstellung.

Die Begründung hat sich auf alle wesentlichen Punkte zu erstrecken und insbesondere eine Würdigung der Einwendungen und Anträge, sowie des sonstigen Vorbringens der Parteien zu enthalten.

Die einschlägigen gesetzlichen und verordnungsmäßigen Bestimmungen sowie sonstigen Normen sind anzuführen.

4. Aufgabe der zweiten Abteilung der schriftlichen Prüfung.

Arbeitsfrist: 4 Stunden.

Am 1. Januar 1912 starb der Kaminkehrermeister Schliefer, der seit dem 1. Januar 1869 den vorwiegend aus ländlichen Gemeinden bestehenden Kaminkehrbezirk A innehatte.

Das K. Bezirksamt B stellte den langjährigen Gehilfen des Verstorbenen, Johann Schlot, als Geschäftsführer auf.

In der Ausschreibung des Kehrbezirks A wurde der Reinertrag des Kehrbezirks auf 4000 ℳ angegeben und bemerkt, daß hierauf eine Witwenunterstützung von 1200 ℳ laste.

Mit Beschluß vom 1. August 1912 verlieh das Bezirksamt dem Kaminkehrermeister Schneeweiß den Kehrbezirk unter der Bedingung,

1. daß er sich der Witwe Schliefer gegenüber zu pünktlicher Bezahlung der Unterstützung vertragsmäßig verpflichte und

2. daß er dem Unterstützungsverein für bayer. Kaminkehrerwitwen beitrete.

Die übrigen Bewerber, Kaminkehrermeister Pech mit 27, Kaminkehrermeister Rauch von Duisburg mit 26½, Kaminkehrermeister Glanz mit 26, Gehilfe Ruß mit 25½ und Geschäftsführer Schlot mit 25 Dienstjahren, die annähernd die gleiche günstige Beurteilung ihrer bisherigen Tätigkeit aufzuweisen hatten, wie Schneeweiß, wurden abgewiesen, weil dieser sie an Dienstjahren überragte.

Der Beschluß wurde sämtlichen Beteiligten am 5. August zugestellt.

Die Abgewiesenen legten mit Ausnahme des Kaminkehrermeisters Pech und zwar rechtzeitig Beschwerde ein.

8 Tage nach Zustellung des bezirksamtlichen Bescheids verzichtete Schneeweiß auf den ihm verliehenen Kehrbezirk.

Mit Rücksicht hierauf beantragte Kaminkehrermeister Rauch, ihm als dem Dienstältesten den Kehrbezirk zu verleihen.

Weiter beantragte er für den Fall, daß ihm der Kehrbezirk verliehen werden sollte, die an die Witwe Schliefer zu zahlende Unterstützung abzumindern. Bei Festsetzung des Reinertrags habe das Bezirksamt jedenfalls angenommen, daß sich die Gehilfen bei auswärtigen Übernachtungen mit den gleichen unzulänglichen Schlafgelegenheiten in Nebengebäuden begnügen würden wie bisher. Dagegen trete aber die Gehilfenschaft jetzt mit allem Nachdruck auf; auch sei schon von einzelnen Behörden z. B. das Übernachten in Stallungen als den Bestimmungen über die Wohnungsaufsicht zuwiderlaufend bezeichnet worden. Die schon in nächster Zeit zu erwartende Folge dieser Bestrebungen sei eine Erhöhung der Betriebsausgaben, die für den Kehrbezirk A auf mindestens 300 ℳ anzuschlagen sei.

Auch sei der Ausspruch über die Verpflichtung zum Eintritt in den Unterstützungsverein für bayer. Kaminkehrerwitwen unbegründet, denn der Verein sei lediglich ein Privatunternehmen, ein behördlicher Beitrittszwang daher ausgeschlossen. Jedenfalls stehe dem Ausspruch § 7 Abs. I Ziff. 6 der Reichsgewerbeordnung entgegen. Übrigens sei er selbst Junggeselle und beabsichtige auch nicht zu heiraten; es wäre sonach ganz unbillig, wenn er zur Zahlung von Beiträgen an diesen für ihn bedeutungslosen Verein gezwungen würde.

Beschwerdeführer Glanz beantragte, den Kehrbezirk nochmals auszuschreiben, da er durch den Verzicht des Schneeweiß neuerdings erledigt sei. Er sei überzeugt, alsdann den Kehrbezirk zu erhalten, weil dem Kaminkehrermeister Rauch sicherem Vernehmen nach bis zu der Entscheidung des Bezirksamts B oder der Regierung über die Verleihung des Kehrbezirks A der von ihm gleichfalls angestrebte Kehrbezirk C verliehen sein werde.

Übrigens gehe Rauch ihm gar nicht an Dienstjahren vor, denn jenem seien mit Unrecht 3 Jahre, die er als Gehilfe in Österreich zugebracht habe, angerechnet worden.

Das Kaminkehrerwesen sei landesrechtlich geregelt, die Regelung betreffe rein bayerische Verhältnisse; hienach dürfe nur eine Beschäftigung in einem bayerischen Kehrbezirk bei Berechnung der Dienstzeit berücksichtigt werden. Aus den gleichen Erwägungen müsse es fraglich erscheinen, ob dem Kaminkehrermeister Rauch als preußischem Staatsangehörigen überhaupt ein bayerischer Kehrbezirk verliehen werden dürfe.

Gehilfe Ruß machte geltend, einer neuerlichen Ausschreibung bedürfe es nicht, weil die Verleihung nicht rechtskräftig sei; auf ein neues Ausschreiben würden sich vielleicht neue Bewerber melden, die Beschwerdeführer hätten aber ein Recht darauf, daß das einmal im Gange befindliche Verfahren durchgeführt werde und auf sie beschränkt bleibe. Er habe aber auch nichts dagegen, wenn nicht sofort die Regierung sondern das Bezirksamt — unter Umgangnahme von einer Ausschreibung — nochmal entscheide.

Den vom Kaminkehrermeister Glanz gegen Rauch erhobenen Einwänden schließe er sich an. Aber auch Glanz müsse aus der Reihe der Bewerber ausscheiden. Dieser habe zwar schon im Juli 1901 persönlich das Kaminkehrergewerbe selbständig mit einem Gehilfen und einem Lehrling ausgeübt, auch habe er seinen jetzigen Kehrbezirk seit dem Monat April 1905 inne, aber eine Meisterprüfung nach den jetzt geltenden Vorschriften habe er nicht gemacht; es müsse sogar bezweifelt werden, ob Glanz berechtigt sei, sich Kaminkehrermeister zu nennen.

Gehilfe Johann Schlot bat um Berücksichtigung, weil er bereits 22 Jahre in dem Bezirk A tätig und demgemäß mit den Verhältnissen des Bezirks wie kein anderer Mitbewerber vertraut sei; auch würde ihn die Verleihung des Kehrbezirks an einen Andern deshalb besonders schwer treffen, weil er in A ein Häuschen besitze und für eine große Familie zu sorgen habe.

Am 19. August 1912 erklärte Kaminkehrermeister Schneeweiß zu Protokoll vor dem Bürgermeister seiner Wohnsitzgemeinde D, daß er seinen Verzicht zurücknehme,

weil ihm bedeutet worden sei, daß er durch die Übertragung des Kehrbezirks A seinen bisherigen Kehrbezirk verloren habe.

Nach Ablauf der Beschwerdefrist stellte noch Kaminkehrermeister Pech den Antrag, ihm den Kehrbezirk A zu verleihen; er habe nur deshalb seinerzeit keine Beschwerde erhoben, weil sie mit Rücksicht auf das höhere Dienstalter des Schneeweiß doch ganz aussichtslos gewesen sei; durch den Verzicht des Schneeweiß, von dem er erst jetzt gehört habe, sei jene Voraussetzung weggefallen. Der Kaminkehrbezirk A gebühre ihm; denn er sei jetzt der Dienstälteste der sämtlichen Bewerber.

Gegen ihn wurde nachträglich von dem Gehilfen Ruß vorgebracht, daß er bereits dreimal, zuletzt im Juli 1908, ein Realrecht gekauft und die beiden ersten mit großem Nutzen veräußert habe. Die Regierung dürfe einen solchen Stellenschacher nicht dulden; er verstoße gegen die guten Sitten und jedenfalls gegen die neuen Bestimmungen über das Kaminkehrerwesen, denn diese zielten insbesondere durch Aufhebung des Witwennachsitzes und durch Beschränkung der Versetzungsmöglichkeit dahin, den älteren Gehilfen die Erreichung eines Kehrbezirks tunlichst zu erleichtern. —

Am 18. August lief beim Bezirksamt B ein Schreiben der Witwe Schliefer ein. Sie bezeichnet darin die Ausschreibung des Kehrbezirks A als ungesetzlich, weil es sich um ein Realrecht handle. Ihr Mann habe das Geschäft von seinem Vater zugleich mit einem Anwesen am 1. Januar 1869 übernommen und habe sich bei der Übernahme vertragsmäßig zur Entrichtung eines Unterhaltsbeitrags verpflichten müssen, bei dessen Höhe auch das Geschäftseinkommen in Betracht gezogen worden sei.

Der Vater ihres Mannes habe das Geschäft ebenfalls Jahrzehnte mit Ausschluß anderer Kaminkehrer in A betrieben und habe es, wie sie gehört habe, auch von seinem Vater übernommen. Sie bitte um Anerkennung des Realrechts. Eine Feststellung durch das Gericht werde sie nicht beantragen.

Ferner bat sie, die Verkleinerung des Kehrbezirks A um 3 Gemeinden, die das Bezirksamt mit Beschluß vom 1. April 1912 verfügt hatte, rückgängig zu machen; das Realrecht sei ein Privatrecht, ein solches dürfe aber nicht von einer Verwaltungsbehörde geschmälert werden.

Aufgabe:

Die von den Beteiligten vorgebrachten Punkte sind sämtlich zu würdigen; dabei sind die tatsächlichen Angaben der Beteiligten als richtig anzusehen.

Ein förmlicher Bescheid ist nicht zu entwerfen.

---

5. Aufgabe der zweiten Abteilung der schriftlichen Prüfung.

Arbeitsfrist: 4 Stunden.

Mit Allerh. Entschließung vom 1. August 1910 wurde die Vereinigung der 82000 Einwohner zählenden rechtsrheinischen kreisunmittelbaren Stadt Z. und der 9000 Einwohner zählenden rechtsrheinischen Landgemeinde M., Bezirksamts B., mit Wirkung ab 1. Januar 1911 genehmigt.

I.

Nach dem zwischen den Gemeinden Z. und M. abgeschlossenen Eingemeindungsvertrage ging das gesamte unbewegliche Vermögen der Gemeinde M. mit Ausnahme der unverteilten Gemeindegründe in das Eigentum der Stadtgemeinde Z. über. An diesen unverteilten Gemeindegründen bestanden für die Besitzer von 20 Anwesen der Gemeinde M. ungemessene, nichtbevorzugte Gemeindenutzungsrechte.

a) Nach welchen Bestimmungen war ab 1. Januar 1911 die Verwaltung des von der Gemeinde M. vorbehaltenen Vermögens zu regeln und mit welchen Ziffern war der Voranschlag für M. für 1911 aufzustellen, wenn

1. die einzige Einnahme der bisherigen Gemeinde M. im Reinertrag aus der Bewirtschaftung der unverteilten Gemeindegründe mit 10000 ℳ bestand,
2. die der bisherigen Gemeinde M. nach wie vor zur Last fallenden Ausgaben für Wegunterhaltung usw. auf 3000 ℳ zu veranschlagen waren und
3. die ab 1. Januar 1911 von den Pflichtigen der Gemeinde M. zur Gemeinde Z. zu leistenden Gemeindeumlagen 5000 ℳ bezifferten und hiervon auf die obenerwähnten 20 Nutzungsberechtigten der Teilbetrag von 750 ℳ entfiel?

b) Für den Übergang des von der Gemeinde M. nicht vorbehaltenen unbeweglichen Vermögens auf die Stadtgemeinde Z. forderten auf Anfrage des Stadtmagistrats Z. das zuständige Rentamt und Grundbuchamt übereinstimmend die Einhaltung der notariellen Vertragsform.

War dieses Verlangen begründet?

II.

Der Stadtmagistrat Z. beantragte bei der zuständigen Kreisregierung, die Zahl der Vertreter der Stadt Z. im Landrat entsprechend der mit 1. Januar 1911 eintretenden Erhöhung der Bevölkerungsziffer zu vermehren. Nach Anschauung des Stadtmagistrats Z. sollte die Erhöhung der Vertreterzahl nicht erst für die nächste Wahlzeit 1912 bis 1917, sondern bereits für den Zusammentritt des Landrates im Jahre 1910 Platz greifen; denn der Landrat habe sich bei seinen Verhandlungen im Jahre 1910 mit der Aufstellung des Voranschlags für das Jahr 1911, sohin für einen Zeitraum zu befassen, für den die genehmigte Eingemeindung bereits wirksam sei; auf alle Fälle aber sei die Erhöhung der Vertreterzahl bis zum Zusammentritte des Landrates im Jahre 1911 durchzuführen.

Wie hatte die Regierung zu entscheiden?

III.

Die Zahl der Magistratsräte in Z. betrug bisher 16, die der Gemeindebevollmächtigten 48. Im Oktober 1910

hatten sich durch Tod und Wegzug drei Sitze im Kollegium der Gemeindebevollmächtigten erledigt. Die Zahl der Ersatzmänner war bereits aufgebraucht. Die Dienstdauer der älteren Hälfte der Magistratsräte und des ältesten Drittels der Gemeindebevollmächtigten endigte erst mit Ablauf des Jahres 1911. Die vorgesetzte Verwaltungsbehörde ordnete deshalb die Vornahme einer Ergänzungswahl für den Rest der Wahlzeit an.

Gleichzeitig stellte der Bürgerverein M. beim Stadtmagistrat Z. den Antrag, mit Rücksicht auf den am 1. Januar 1911 durch die Eingemeindung von M. eintretenden Bevölkerungszuwachs die Zahl der Magistratsräte und der Gemeindebevollmächtigten angemessen zu erhöhen und alsbald nach dem 1. Januar 1911 zum Magistrat und zum Kollegium der Gemeindebevollmächtigten Ergänzungswahlen vorzunehmen, bei denen auch die bisherige Gemeinde M. in den Wahlbezirk einzubeziehen sei.

Konnte diesem Antrage stattgegeben werden?

IV.

Die Stadt Z. bildete bisher einen Standesamtsbezirk. Im Hinblick auf die bevorstehende Eingemeindung von M. beschloß der Stadtmagistrat Z., bei der vorgesetzten Verwaltungsbehörde die Bildung zweier Standesamtsbezirke zu beantragen. Hiernach sollte der Bezirk des Standesamts II das Gebiet der früheren Gemeinde M. und die angrenzenden Stadtteile A und B, der Bezirk des Standesamts I den Rest des Stadtgebietes Z. umfassen. Die Zuständigkeit des Standesamts II sollte auf die Beurkundung von Geburts- und Sterbefällen beschränkt sein; die Beurkundung von Eheschließungen hingegen sollte für den ganzen Umfang des zukünftigen Stadtgebietes aus praktischen Rücksichten dem Standesamt I übertragen werden.

Wie hatte die vorgesetzte Verwaltungsbehörde zu entscheiden?

V.

Angenommen, die Vereinigung der Gemeinden sei mit Wirkung vom 1. Januar 1913 an durch Allerhöchste

Entschließung vom 1. November 1912 genehmigt worden. Als Tag der Wahl der Vertrauensmänner nach dem Versicherungsgesetz für Angestellte war nach § 2 der Wahlordnung vom 3. Juli 1912 (RGBl. S. 419) der 27. Oktober 1912 bestimmt worden. Zu jener Zeit war bekannt geworden, daß die Beteiligten sich völlig über die Fragen der Eingemeindung von M., wie über den Beginn ihrer Wirksamkeit (1. I. 1913) geeinigt hätten und dementsprechender Antrag an das Staatsministerium des Innern gestellt sei. Am Wahltage erschienen Angestellte, die in der Gemeinde M. wohnen und in dortigen Betrieben beschäftigt sind, im Wahlraume der Stadt Z. Sie erklärten hier wahlberechtigt zu sein und führten aus:

> Das Angestelltengesetz trete voraussichtlich am 1. Januar 1913 in Kraft. Zu diesem Zeitpunkt sei die Gemeinde M. zweifellos in die Stadt Z. einverleibt. Die für Z. zu wählenden Vertrauensmänner seien also auch für die Gemeinde M. maßgebend und von den Angestellten in M. mitzuwählen.

Der Wahlleiter ließ diese Angestellten zur Wahl in Z. zu. War dies richtig?

Die Beantwortung der einzelnen Fragen ist unter Anführung der einschlägigen gesetzlichen Bestimmungen zu begründen.

---

6. Aufgabe der zweiten Abteilung der schriftlichen Prüfung.

Arbeitsfrist: 4 Stunden.

Johann X. in Y., geboren am 1. Februar 1865, hatte bis zum Jahre 1903 in Verhältnissen gelebt, die ihn nicht invalidenversicherungspflichtig machten.

Vom 23.—27. September 1903 (1 Woche) arbeitete er aushilfsweise bei einem Bau; ein Versicherungsbeitrag

II. Lohnklasse wurde entrichtet (Quittungskarte Nr. 1, ausgestellt am 23. September 1903).

Dann war X. 6 Wochen lang arbeitslos.

Am 11. November 1903 trat er wieder aushilfsweise in eine Beschäftigung, die aber auch nur 1 Woche dauerte. Auch hier wurde ein Beitrag II. Lohnklasse entrichtet.

Dann war er wieder 4 Wochen lang ohne Beschäftigung, dann 12 Wochen lang krank und arbeitsunfähig und dann nochmals 4 Wochen lang arbeitslos.

Am 6. April 1904 fand er endlich eine ihm zusagende Beschäftigung, in der er sodann bis zum 22. August 1905 verblieb; die ordnungsmäßigen Beiträge III. Lohnklasse wurden entrichtet. Der Umtausch der Quittungskarte Nr. 1 und die Ausstellung der Karte Nr. 2 erfolgte am 22. März 1905.

Am 22. August 1905 verfiel X. in eine langwierige Krankheit, die 51 Wochen dauerte; nachdem er endlich wieder hergestellt war, kam er noch auf 10 Wochen in ein Erholungsheim, das er am 22. Oktober 1906 verließ. Während dieser ganzen Zeit war er arbeitsunfähig.

Vom 22. Oktober 1906 bis 31. Dezember 1906 (10 Wochen) arbeitete er in verschiedenen Stellungen, die Beiträge III. Lohnklasse wurden entrichtet.

Am 1. Januar 1907 beantragte er beim Bürgermeister von Y. die Ausstellung einer Quittungskarte für die Selbstversicherung, die ihm auch (bei gleichzeitiger Aufrechnung der Karte Nr. 2) nach Formular B und mit der Nr. 1 ausgestellt wurde. Während des Jahres 1907 klebte er in diese Karte 52 Marken IV. Lohnklasse. Die Karte wurde dann am 1. Januar 1908 gegen Nr. 2, Formular B, umgetauscht; in diese Karte klebte er noch 30 Marken IV. Lohnklasse; dann hörte er mit der Entrichtung freiwilliger Beiträge wieder auf, da ihm die Aufbringung der Beiträge zu schwer fiel. Eine versicherungspflichtige Beschäftigung hatte er seit dem 31. Dezember 1906 nicht mehr ausgeübt; seinen Unterhalt hatte er sich als Hausierer und auf ähnliche, nicht versicherungspflichtige Weise erworben.

Vom 29. Juli 1908 bis 22. September 1908 (8 Wochen) war er wieder in versicherungspflichtiger Weise beschäftigt. Er erhielt die Quittungskarte Nr. 3 nach Form. A am 29. Juli 1908 ausgestellt (unter Aufrechnung der Karte Nr. 2, Form. B), die Beiträge II. Lohnklasse wurden ordnungsmäßig entrichtet.

Vom 23. September 1908 bis 31. Oktober 1908 war er wieder arbeitslos.

Am 1. November 1908 trat er wieder in Arbeit und arbeitete bis zum 23. Januar 1909 (12 Wochen). Die fälligen Beiträge III. Lohnklasse wurden durch Saumsal des Arbeitgebers nicht entrichtet; aber auch X. kümmerte sich nicht um diese Beiträge, obwohl er seine Quittungskarte selbst in Händen hatte.

Dann war er wieder längere Zeit in nicht versicherungspflichtiger Weise beschäftigt oder auch ganz arbeitslos.

Erst am 9. September 1909 trat er wieder in eine versicherungspflichtige Beschäftigung, er verblieb in dieser bis zum 1. Dezember 1909 (12 Wochen); die Beiträge III. Lohnklasse wurden auch hier nicht entrichtet, dieses Mal aber ohne Verschulden des X., der den Arbeitgeber wiederholt an die Entrichtung gemahnt hatte. Von dem Rechte des § 144 Abs. I des JVG. konnte X. damals wegen Mangels an Geldmitteln keinen Gebrauch machen.

In diesem Beschäftigungsverhältnisse erlitt er am 1. Dezember 1909 einen Betriebsunfall, der ihn dauernd völlig erwerbsunfähig machte. Er erhielt auch von der zuständigen Berufsgenossenschaft die Vollrente zugesprochen im jährlichen Betrage von 650 *M*.

Am 1. Januar 1911 legte er die Quittungskarte Nr. 3 (Form. A) zum Umtausch vor und erhielt die Karte Nr. 4 (Form. A) ausgestellt. In diese Karte klebte er sodann im Januar 1911 15 Marken III. Lohnklasse.

Am 28. Dezember 1911 stellte er beim Bürgermeister von Y. ein Gesuch um die Zuerkennung der Invalidenrente.

Der Bürgermeister, welcher sich in den etwas verwickelten Verhältnissen nicht auskannte, wendete sich unterm

5. Januar 1912 an das Bezirksamt mit dem Ersuchen um Aufklärung, ob das Gesuch wohl Aussicht auf Erfolg hätte und daher weiter zu instruieren sei oder ob er vielleicht dem X. zunächst die Zurücknahme anheimstellen solle, wobei er besonders folgende Fragen stellte:

1. Wie viele Wochen hier die Wartezeit betrage?

2. Ob sie erfüllt sei?

3. Ob die Selbstversicherungsbeiträge anrechenbar seien? X. habe augenscheinlich bei der Eingehung der Selbstversicherung die gesetzliche Altersgrenze schon überschritten gehabt.

4. Ob nicht die Anwartschaft erloschen sei? Die Quittungskarte Nr. 3 (A) sei offenbar zu spät umgetauscht worden.

5. Ob nicht dem X., der mehrere Kinder unter 15 Jahren habe, vom 1. Januar 1912 an die Wohltat des § 1291 der RVO. zuteil werden könne?

6. Ob nicht eine Kürzung der Invalidenrente gemäß § 48 des JVG. eintreten würde?

7. Ob X. nicht für die 61 Wochen Krankheits- und Erholungszeit (1905/6) die Krankenrente hätte beanspruchen können? Ob diese nicht jetzt noch nachgezahlt werden könnte?

8. Ob X. nicht jetzt noch in der Quittungskarte Nr. 4 freiwillige Beiträge entrichten dürfe, um seine Invalidenrente noch etwas zu erhöhen?

9. Ob nicht die Beiträge, deren Entrichtung in den Jahren 1908 und 1909 unterblieben sei, noch nachträglich entrichtet werden dürften?

10. Ob nicht auch die Zeit des Bezugs der Unfallrente (seit dem 2. März 1910) bei der Berechnung der Invalidenrente als Beitragszeit angerechnet werden könne?

11. Wie hoch sich demnach die Invalidenrente berechnen würde?

12. Das Bezirksamt werde ersucht, etwa sonst noch veranlaßte Weisungen und Aufklärungen zu erteilen.

Wie hat das Bezirksamt den Bürgermeister zu bescheiden?

Die gesetzlichen und sonstigen Vorschriften sind anzugeben. Wo Zweifel besteht, ob das JVG. oder die RVO. maßgebend sei, ist diese Frage ausdrücklich zu würdigen.

Die Berechnung der Invalidenrente (Frage 11) ist vollständig vorzunehmen.

Abkürzungen:

RVO. = Reichsversicherungsordnung;
JVG. = Invalidenversicherungsgesetz vom 13. Juli 1899.

7. Aufgabe der zweiten Abteilung der schriftlichen Prüfung.

Arbeitsfrist: 4 Stunden.

Die Elektrizitätsversorgung des ganzen Landes bildet eine der wichtigsten volkswirtschaftlichen Aufgaben der Neuzeit. Die Erfahrungen des In- und Auslandes haben gezeigt, daß die Versorgung der Allgemeinheit in Stadt und Land mit Elektrizität in wirtschaftlicher Weise am zweckmäßigsten aus großen Kraftzentralen für größere Gebiete möglich ist; es müssen die verschiedenartigen Stromverbraucher, wie Stadt und Land, Industrie, Kleingewerbe und Landwirtschaft an ein Großkraftwerk angeschlossen werden, um die Elektrizität zum Gemeingut aller machen zu können. Elektrische Überlandwerke in kleineren Gebieten mit überwiegend ländlicher Bevölkerung sind wegen des geringen und wechselnden Bedarfs an Kraft- und Lichtstrom in der Landwirtschaft nicht lebensfähig, wenn die Elektrizität zu angemessenen Preisen geliefert werden soll. Das Versorgungsgebiet eines Überlandwerkes wird sich in Bayern in der Regel auf ein Gebiet von der Größe eines Regierungsbezirks zu erstrecken haben.

Eine Notwendigkeit dafür, daß der Staat die Elektrizitätsversorgung des ganzen Landes als gemeinnützige

Aufgabe selbst durchführen und betreiben soll, ähnlich wie die Eisenbahnen, wurde von der bayerischen Staatsregierung zunächst für nicht gegeben erachtet; nicht nur finanzielle Gründe, sondern auch die Schwierigkeiten, die die Einführung derartiger neuer Unternehmungen namentlich auf dem Lande mit sich bringt, ließen die Beiziehung der beweglicheren Privatindustrie vorteilhaft erscheinen. Daß dagegen bei der hohen Bedeutung der Elektrizitätsversorgung für die gesamte Volkswirtschaft eines Landes der Staat zur eifrigen Mitarbeit berufen ist, ist über jeden Zweifel erhaben.

Der Plan, diese Aufgabe der Staatsverwaltung durch ein Sondergesetz über elektrische Starkstromanlagen zu regeln, wird seitens der Reichsleitung ernstlich erwogen. Gegen eine gesetzliche Regelung durch die einzelnen Bundesstaaten bestehen begründete Bedenken.

Die Entwicklung der elektrischen Überlandwerke ist der gesetzlichen Regelung zuvorgekommen. In allen Teilen des Landes wurden Elektrizitätswerke zur Überlandversorgung errichtet und zeitweise bestand die Gefahr, daß durch eine weitgehende Zersplitterung in kleine Kraftwerke mit beschränkten Versorgungsgebieten eine großzügige wirtschaftliche Versorgung des ganzen Landes einschließlich der weniger aufnahmefähigen Landbezirke erschwert würde.

Der Staatsverwaltung ist damit die Aufgabe gestellt, ohne ein Sondergesetz für elektrische Starkstromanlagen die Interessen der Allgemeinheit zu wahren.

Mehrere finanzkräftige und leistungsfähige Elektrizitätsgesellschaften traten mit großzügigen Projekten für die einheitliche Elektrizitätsversorgung umfangreicher Gebiete hervor.

Die Entwicklung der Elektrizitätsversorgung des ganzen Landes wird sich in der Weise vollziehen, daß zunächst Wärmekraftwerke zur Speisung der Überlandleitungen errichtet werden und erst dann, wenn sich der Bedarf an Elektrizität gesteigert und verdichtet hat, an den Ausbau großer Wasserkräfte herangetreten werden wird. Die

Wärmekraftzentralen werden dann als Reserven zu dienen haben.

Aufgabe:

Es ist darzulegen, welche Interessen der Allgemeinheit bei der Elektrizitätsversorgung des Landes in Frage kommen und auf welchen Wegen die Staatsverwaltung diese Interessen nach der bestehenden Gesetzgebung wahren kann.

---

8. Aufgabe der zweiten Abteilung der schriftlichen Prüfung.

Arbeitsfrist: 4 Stunden.

Die Brüder Wilhelm, Karl und Friedrich von Hornung, sämtliche bayerische Staatsangehörige und mit ihren Familien protestantischer Konfession, besitzen in der Gemeinde Burgdorf, K. Rentamts Passau, gemeinsam und zu gleichen Teilen das von ihrem Vater ererbte Schloßgut Dürrenstein, bestehend aus Wohngebäude, Ökonomiegebäuden, einer neu eingerichteten Brauerei und 1000 Tagwerk land- und forstwirtschaftlich genutztem Grundbesitz.

Die Gebäude liegen sämtlich in der Arealsteuergemeinde Burgdorf und sind mit 125 ℳ Arealsteuer-Verhältniszahlen zur Haussteuer veranlagt; von den Grundstücken liegen 510 Tagwerk mit 5500 Grundsteuer-Verhältniszahlen in der Gemeinde Burgdorf, 480 Tagwerk mit 5100 Grundsteuer-Verhältniszahlen in der Gemeinde Grafensee und 10 Tagwerk mit 60 Grundsteuer-Verhältniszahlen in der Gemeinde Herrenwald, sämtliche im Rentamtsbezirke Passau.

Wilhelm von Hornung ist preußischer Offizier außer Dienst, verheiratet, und wohnt ständig in Dürrenstein, woselbst er die Verwaltung leitet. Karl von Hornung ist aktiver bayerischer Offizier in Augsburg, woselbst er eine

Familienwohnung um den Jahresmietzins von 2000 ℳ innehat; seine Familie verbringt alljährlich zwei bis drei Monate in Dürrenstein, wo sie sich ein Stockwerk des Schlosses als Wohnung eingerichtet hat; er selbst pflegt seinen sechswöchentlichen Urlaub dort zuzubringen und auch sonst öfter einige Tage sich aufzuhalten.

Friedrich von Hornung ist unverheiratet und ohne Beruf; er besitzt in Dürrenstein eine standesgemäß eingerichtete Wohnung mit drei Zimmern, wo er sich vom Mai bis Ende November jeden Jahres aufhält; die übrige Zeit des Jahres verbringt er in München, wo er sich für jede Saison eine möblierte Junggesellenwohnung mit zwei Zimmern um 50—60 ℳ monatlich zu mieten pflegt.

Zur Steueranlage für 1913 geben die drei Brüder ihre Steuererklärungen bei dem K. Rentamte Passau ab, mit der Erklärung, daß sie Dürrenstein als ihren Wohnsitz oder wenigstens als ihren Hauptwohnsitz betrachten. Die Stadtmagistrate Augsburg und München hingegen wollen Augsburg und München als einzigen oder doch als Hauptwohnsitz des Karl von Hornung bzw. des Friedrich von Hornung behandelt wissen.

Nach den Steuererklärungen und nach den rentamtlichen Erhebungen beträgt das Reineinkommen der drei Brüder aus Grundvermögen einschließlich des Mietwerts der Wohnungen im eigenen Hause . . . 15 000 ℳ,
das Reineinkommen aus der Brauerei nach Abzug von 2000 ℳ Zinsen aus einem für die Neueinrichtung der Brauerei aufgenommenen Hypothekenkapital von 50 000 ℳ zu 4 % . . . . 12 000 ℳ.

Auf dem übrigen Besitze lastet eine noch von dem Vorbesitzer aufgenommene 3½ %ige Hypothekenschuld zu 90 000 ℳ, deren Zinsen mit 3150 ℳ in der Steuererklärung unter den abziehbaren Verbrauchsabgaben geltend gemacht werden.

Das gewerbliche Betriebskapital beläuft sich ohne Einrechnung der der Grund- und Haussteuer unterworfenen Gegenstände auf . . . . 140 000 ℳ;

gewerbliche Schulden sind außer obigen 50 000 ℳ nicht vorhanden.

Die drei Brüder verteilen die Erträgnisse des Gutes gleichheitlich unter sich; Wilhelm von Hornung empfängt als vertragsmäßiges Honorar für die Führung der Verwaltung vorweg jährlich 3000 ℳ, welche an obigen Be- Beträgen zu 15 000 ℳ und 12 000 ℳ noch nicht abgezogen sind; außerdem bezieht er aus der preußischen Staatskasse eine Offizierspension zu . . 3000 ℳ.

Karl von Hornung hat als Offizier ein Berufseinkommen von . . . . 5600 ℳ
und eine Kapitalrente von jährlich . . . 3500 ℳ.

Friedrich von Hornung ist ausschließlich auf seinen Anteil an den Gutserträgnissen angewiesen.

Die protestantische Kirchensteuer beträgt 5%; die Kreisumlagen betragen

in Niederbayern 44%,
in Schwaben 36%,
in Oberbayern 38%;

die Gemeindeumlagen

in Burgdorf 105%,
in Grafensee 115%,
in Herrenwald 81%,
in Augsburg 120%,
in München 130%;

an protestantischen Kirchenumlagen werden in allen beteiligten Gemeinden 8% erhoben.

Fragen:

1. Welches Rentamt ist zur Einsteuerung zuständig? eventuell: was hat zur Regelung der Zuständigkeitsfrage zu geschehen?
2. Welche Staatssteuern, Kirchensteuern, Kreisumlagen, Gemeindeumlagen und Kirchenumlagen sind geschuldet? Wer ist Schuldner und welche Rechtssubjekte sind empfangsberechtigt?

9. Aufgabe der zweiten Abteilung der schriftlichen Prüfung.

Arbeitsfrist: 9 Stunden.

I.

In der 25000 Einwohner zählenden kreisunmittelbaren Stadt X. waren infolge Wegzuges von X. die Gemeindebevollmächtigten Karl Fels und Max Berg anfangs Oktober 1910 bzw. Mitte März 1911 aus dem — nach dem Sollstande 36 Mitglieder starken — Gemeindebevollmächtigtenkollegium ausgeschieden. Der erstgenannte Gemeindebevollmächtigte entstammte der regelmäßigen Ersatzwahl des Jahres 1905, der letztere jener des Jahres 1908; ihre Amtszeit hätte daher, wenn sie im Amte verblieben wären, noch bis zur regelmäßigen Ersatzwahl des Jahres 1914 bzw. 1917 gedauert.

Die 2 freigewordenen Stellen, für die Ersatzmänner nicht mehr vorhanden waren, blieben vorläufig unbesetzt.

Am 1. September 1911 beschloß der Stadtmagistrat X., daß die Wiederbesetzung der 2 erledigten Stellen durch eine Ergänzungswahl erfolgen und daß diese Wahl mit der bevorstehenden regelmäßigen Wahl für das austretende älteste Drittel (12) der Gemeindebevollmächtigten in einem Wahlgange stattfinden solle. Dem seinerzeitigen Hauptwahlkommissäre sei es zu überlassen, bei der vorzunehmenden Wahl das Aussonderungsverfahren zu bestimmen und anzuwenden, das ihm geeignet und zulässig erscheine, um festzustellen, welche der gemeinsam gewählten 14 Gemeindebevollmächtigten in die 12 sich erneuernden, eine 9jährige Amtszeit nach sich ziehenden Stellen und welche in die 2 Stellen der abgegangenen Gemeindebevollmächtigten Fels und Berg auf deren noch übrige 3 bzw. 6jährige Amtszeit einzutreten haben.

Das Kollegium der Gemeindebevollmächtigten stimmte dem Magistratsbeschlusse am 4. September 1911 beschlußmäßig zu.

Die Beschlüsse der beiden städtischen Kollegien fanden sowohl in der magistratischen Bekanntmachung über die Auflegung der Wählerliste und über die Aufforderung zur Einreichung von Vorschlagslisten (§ 3 der K. Allerh. Verordnung vom 18. August 1908, die Gemeindewahlen betr., in der Fassung vom 18. August 1911 — Wahlordnung —) als in der Wahlbekanntmachung des Hauptwahlkommissärs (Art. 181 Abs. II der rechtsrh. Gemeindeordnung) entsprechende Erwähnung.

Die eingereichten, je 26 (§ 6 Abs. I und § 37 Abs. III der angeführten Wahlordnung) Kandidatennamen enthaltenden 3 Vorschlagslisten erhielten die Ordnungsbuchstaben A, B und C.

Die Listen B und C waren verbunden.

Am 13. November 1911 wurde die Wahl der 14 Gemeindebevollmächtigten und der Ersatzmänner in 5 Abteilungen der Gemeinde — I, II, III, IV und V — (Art. 189 Abs. III der rechtsrh. Gemeindeordnung) nach den Grundsätzen der Verhältniswahl vorgenommen und in den Wahllokalen gleichmäßig vormittags 10 eröffnet.

Die Ermittlung des Gesamtwahlergebnisses durch den Hauptwahlausschuß begann am 15. November 1911 vormittags 9 Uhr.

Für sie bestimmte der Hauptwahlkommissär unter Billigung des Hauptwahlausschusses zur Bewerkstelligung der obenerwähnten Aussonderung das folgende Verfahren:

1. Zunächst wird gemäß den Vorschriften der Wahlordnung §§ 17—26 das Wahlergebnis ermittelt, das sich berechnen würde, wenn im Ganzen nur 12 Gemeindebevollmächtigte zu wählen wären. Den hienach gewählten Kandidaten werden die 12 Stellen mit 9jähriger Amtszeit zugewiesen.

2. Sodann wird gemäß den nämlichen Vorschriften das Wahlergebnis ermittelt, das sich berechnen würde, wenn im Ganzen 13 Gemeindebevollmächtigte zu wählen wären. Unter den hienach gewählten Kandidaten erhält, wer nicht schon nach Ziff. 1 gewählt ist, die Stelle mit 6jähriger Amtszeit zugewiesen.

3. Schließlich wird gemäß den gleichen Vorschriften das Ergebnis der Wahl von 14 Gemeindebevollmächtigten ermittelt. Unter den hienach gewählten Kandidaten erhält, wer nicht schon nach Ziff. 1 und 2 gewählt ist, die Stelle mit 3jähriger Amtszeit zugewiesen.

Die in Anwendung dieser Grundsätze vollzogene Wahlresultatsermittlung ergab, daß bei insgesamt 39758 gezählten gültigen Stimmen, von denen 15625 auf die Vorschlagsliste A, 20749 auf die Vorschlagsliste B, 3343 auf die Vorschlagsliste C und 41 auf zu keiner Liste gehörige Einzelkandidaten entfielen, zuzuweisen waren:

1. Die 12 Stellen mit 9jähriger Amtszeit den Kandidaten Hans Groll, Franz Hieb, Otto Kurz, Anton Lang und Heinrich Mohr der Vorschlagsliste A, Ferdinend Neeb, Georg Ort, Xaver Pohl, Leo Quark, Leonhard Rühl und Fritz Scheib der Vorschlagsliste B und Vitus Trump der Vorschlagsliste C.

2. Die Stelle mit 6jähriger Amtszeit dem Kandidaten Richard Ulmer der Vorschlagsliste B.

3. Die Stelle mit 3jähriger Amtszeit dem Kandidaten Arnold Veth wiederum der Vorschlagsliste B.

Was die Ermittlung der gewählten Ersatzmänner betrifft, so ist hier lediglich zu erwähnen, daß sie innerhalb der Vorschlagsliste B die Wahl des Gustav Wirsching, 35 Jahre alt, als ersten Ersatzmannes mit 830 Stimmen und die Wahl des Konrad Zorn, 32 Jahre alt, als zweiten Ersatzmannes mit 800 Stimmen ergab.

Die öffentliche Bekanntmachung des Gesamtwahlergebnisses erfolgte am 18. November 1911.

II.

1. Schon am 17. November 1911 kam bei der zuständigen Regierung, Kammer des Innern, eine Eingabe des Friseurs Eduard Wichtig vom 16. desselben Monats ein, worin er erklärte, daß er die am 13. November 1911 vorgenommene Wahl anfechte und deren Vernichtung beantrage, weil der Hauptwahlausschuß das Wahlresultat nicht in öffentlicher Sitzung gezogen und anläßlich der

Stimmenzählung (§ 17 der Wahlordnung) ungefähr 100 auf den nicht wählbaren Kandidaten Nepomuk Flad der Vorschlagsliste C gefallene Stimmen mitgezählt habe.

2. Am 20. November 1911 gelangte eine Eingabe des Schreinermeisters Robert Fabius vom 19. desselben Monats in den Regierungseinlauf. Die Eingabe besagt, daß „der Unterfertigte die ganze Wahl vom 13. November 1911 wegen Verletzung wesentlicher in Art. 181 Abs. II und Art. 184 Abs. I der rechtsrh. Gemeindeordnung vorgeschriebener Förmlichkeiten aufgehoben wissen wolle und die nähere Begründung einem besonderen Schriftsatze vorbehalte." In der dann am 6. Dezember 1911 nachgefolgten Begründungsschrift vom 5. desselben Monats machte Fabius geltend, daß

a) die nach Art. 181 Abs. II a. a. O. ergangene Wahlbekanntmachung des Hauptwahlkommissärs nur den Zeitpunkt des Beginnes der Wahl, nicht aber die Dauer der Wahlfrist enthalten habe,

b) vom Wahlkommissäre der Wahlabteilung V keine zweite Frist zur Stimmabgabe festgesetzt und eröffnet worden sei, obwohl bei Ablauf der ersten Wahlfrist — Nachmittag 4 Uhr — die Hälfte der in Abteilung V Wahlberechtigten noch nicht abgestimmt gehabt habe.

3. Mit gemeinsamer Eingabe vom 21., eingelaufen am 22. November 1911 erhoben die Gewählten Kunstmaler Arnold Veth und Architekt Richard Ulmer Wahlbeschwerde. Das von Hauptwahlkommissär und Hauptwahlausschuß beliebte Aussonderungsverfahren habe zur Folge gehabt, daß sie auf — der kürzeren Amtsdauer wegen — minderwertige Gemeindebevollmächtigtenstellen gekommen seien. Hierin liege eine unmittelbare Benachteiligung ihrer Person. Auch müsse die Benachteiligung als eine rechtswidrige angesehen werden, da sich das eingeschlagene Verfahren rechtlich nicht halte lasse. Die Wahlbeschwerde sei deshalb begründet und ihr Antrag gehe dahin, die K. Regierung möge das geübte Aussonderungsverfahren aufheben.

4. Die Reihe der Wahleinsprachen schloß eine Eingabe des Bankbeamten Konrad Zorn vom 28., eingelaufen am 29. November 1911. Aus der sich „Wahlanfechtungsklage und Wahlbeschwerde" nennenden Eingabe ist hervorzuheben:

Wie verlaute, habe sich bei der Wahlabteilung III eine ihn schädigende Wahlfälschung zugetragen, indem gelegentlich der Stimmenzählung auf mindestens 30 Wahlzetteln, die je einmal seinen Namen enthielten, dieser Name von einem Mitgliede des Wahlausschusses unbefugt durchstrichen worden sei. Obwohl das Vorkommnis dem Wahlkommissär nicht unbekannt geblieben sei, habe dieser die Angelegenheit dem Wahlausschusse nicht zur Beschlußfassung unterbreitet, vielmehr die fälschlich gestrichenen Stimmen einfach ungezählt gelassen. Er halte sich durch das Verfahren des Wahlkommissärs, das ihn um die Möglichkeit der Erlangung des ersten Platzes unter den Ersatzmännern der Vorschlagsliste B gebracht habe, für persönlich rechtswidrig benachteiligt und beantrage ihm diesen seines Erachtens von Kaufmann Gustav Wirsching zu Unrecht eingenommenen Platz zuzuerkennen.

III.

1.

Über ihr Recht, sich der Streitsbeteiligung zu entschlagen, belehrt, erklärten mit Ausnahme des Gasthofbesitzers Fritz Scheib die sämtlichen auf 9 Jahre gewählten Gemeindebevollmächtigten (in der Folge als „Hans Groll und seine 10 Genossen" bezeichnet) übereinstimmend, sich am Streite beteiligen zu wollen und Ausspruch dahin zu beantragen, daß die Einsprachen des Eduard Wichtig, Robert Fabius, Arnold Veth und Richard Ulmer abgewiesen werden.

Fritz Scheib gab die Erklärung ab, daß er zwar gleichfalls die Abweisung der Einsprachen des Eduard Wichtig und des Robert Fabius beantrage, den Einsprachen des Arnold Veth und des Richard Ulmer aber

sich anschließe, weil er finde, daß das zuungunsten seiner Mitbürger Veth und Ulmer ausgefallene Aussonderungsverfahren weder gesetzlich noch sachgemäß sei.

2.

Arnold Veth und Richard Ulmer verzichteten nach empfangener Rechtsbelehrung auf ihre Streitsbeteiligung gegenüber den Einsprachen des Eduard Wichtig und des Robert Fabius. Gleiches taten die sämtlichen gewählten Ersatzmänner.

3.

Kaufmann Gustav Wirsching (erster Ersatzmann aus der Vorschlagsliste B) erklärte, daß er bezüglich der gegen ihn gerichteten Einsprache des Konrad Zorn in den Streit eintrete und deren Abweisung beantrage.

4.

Die vorstehend unter Ziffer 1, 2 und 3 vermerkten Erklärungen wurden alle zu Protokoll des Stadtmagistrates X. vom 14. Dezember 1911 abgegeben.

5.

Rechtsanwalt Schleich in X. übernahm die Vertretung des Hans Groll und seiner 10 Genossen, Rechtsanwalt Schnell daselbst die Vertretung des Arnold Veth und des Richard Ulmer. Die beiden Rechtsanwälte zeigten dies der K. Regierung an und legten ihr je eine gehörig ausgestellte Prozeßvollmacht vor.

IV.

Die von der K. Regierung, Kammern des Innern, veranlaßten Erhebungen ergaben:

1. Eduard Wichtig erwarb das Gemeindebürgerrecht in X. am 14. November 1911. Eine Reihe nicht wahlberechtigter Personen wurde es verwehrt, der Sitzung des Hauptwahlausschusses beizuwohnen. Die Wahlberechtigten aller Abteilungen hatten unbeschränkten Zutritt. Bei der

Stimmenzählung (§ 17 der Wahlordnung) waren 98 auf den nicht wählbaren Kandidaten Nepomuk Flad der Vorschlagsliste C gefallenen Stimmen mitgezählt worden.

2. Robert Fabius besitzt seit Jahren das Gemeindebürgerrecht in X.

In der Wahlbekanntmachung (Art. 181 Abs. II der rechtsrh. Gemeindeordnung) war die Angabe der Dauer der Wahlfrist neben der Angabe des Zeitpunktes des Wahlbeginnes unterblieben. Doch war der letzteren Angabe die Aufforderung an die Wähler beigefügt, möglichst rechtzeitig zu Beginn der Wahl zu erscheinen. Der Hauptwahlkommissär wies übrigens nachträglich die Wahlkommissäre der 5 Abteilungen schriftlich an, bei Wahlbeginn den versammelten Wählern kundzutun, daß die Stimmabgabe um 4 Uhr nachmittags werde geschlossen werden, und bezüglichen Anschlag an den Wahllokalen herbeizuführen. Die Weisung wurde von den 5 Wahlkommissären pünktlich vollzogen.

Die Gesamtzahl aller Wahlberechtigten in der Stadt X. betrug 1708, die Zahl der Wahlberechtigten in der Abteilung V 320. Abgestimmt hatten am 13. November 1911 nachmittags 4 Uhr in der Abteilung V 150, in den 5 Abteilungen zusammen 1447. Von dem Wahlkommissär der Abteilung V wurde eine zweite Frist für die weitere Stimmabgabe nicht festgesetzt und bekanntgemacht. — Robert Fabius gehörte der Wahlabteilung II an.

3. Die Stimmenzählung bei der Wahlabteilung III geschah in der Weise, daß der Wahlkommissär jeweils den Namen eines Wahlkandidaten aufrief, die diesen Namen enthaltenden Wahlzettel nacheinander von den Wahlzettelsortierern zugereicht bekam und den aufgerufenen Namen, so oft er auf jedem Wahlzettel vorkam, laut vorlas. Der einzelne Wahlzettel wanderte nach Verlesung des Namens und entsprechender Stimmvermerkung in den Stimmlisten vom Wahlkommissär durch die Hände der die richtige Namensverlesung nachprüfenden Wahlausschußmitglieder Philipp Stumpf, Johannes Rock und Bartholomäus Greif zu den Sortierern zurück. So kam es, daß ein

und derselbe Wahlzettel öfters die Reihe des Wahlkommissärs, der nachprüfenden Wahlausschußmitglieder und der Sortierer passierte. Während des Sortierens bemerkten die hiezu verwendeten — nicht wahlberechtigten — magistratischen Hilfsarbeiter Wilhelm Fuchs und Jakob Wolf, daß auf einzelnen Wahlzetteln der Name des Bankbeamten Konrad Zorn in auffallender Art mit Blaustift gestrichen war und die Zahl der Durchstreichungen dieses Namens immer mehr zunahm, je weiter das Zählgeschäft fortschritt. Wilhelm Fuchs teilte seine und des Jakob Wolf Wahrnehmungen dem Wahlkommissär unter dem Anfügen mit, daß sich die Zahl der unbefugt vorgenommenen Durchstreichungen des bezeichneten Namens bei deren Eigenart und leichten Erkennbarkeit unschwer und rasch feststellen lassen müsse. Der Wahlkommissär verständigte den Wahlausschuß kurz von dem Bestehen des Verdachts einer Wahlfälschung zum Nachteil des Bankbeamten Zorn und erklärte dem Ausschusse, daß der Hauptwahlkommissär, dem er den Fall zu unterbreiten gedenke, in der Sache das Erforderliche veranlassen werde. Das Wahlprotokoll enthält über den Vorgang nichts. Eine beschlußmäßige Stellungnahme des Wahlausschusses unterblieb; auch trat keine Berücksichtigung der durchstrichenen Wahlstimmen anläßlich der Stimmenzählung für Konrad Zorn ein.

Noch am gleichen Tage beauftragte der Wahlkommissär den Hilfsarbeiter Fuchs, die von ihm und Wolf gemachten Beobachtungen niederzuschreiben. Die Niederschrift des Fuchs ging nebst einem Begleitschreiben des Wahlkommissärs anderen Tages dem Hauptwahlkommissär zu. Dieser gab die Schriftstücke an die K. Staatsanwaltschaft ab. Nach Durchführung des Ermittlungs- und Untersuchungsverfahrens wurde das Wahlausschußmitglied Bartholomäus Greif durch landgerichtliches Urteil vom 15. Februar 1912, das die Rechtskraft beschritt, wegen eines Vergehens der Wahlfälschung zu 4 Monaten Gefängnis verurteilt. Die Urteilsgründe stellen fest, daß auf 31 am 13. November 1911 von Wählern der Wahlab-

teilung III in X. abgegebenen Wahlzetteln der Name des Bankbeamten Konrad Zorn je einmal mit Blaustift durchstrichen sei und daß Greif die Durchstreichung der 31 Namen gelegentlich des Zählgeschäfts unbefugt vorgenommen habe.

Während 30 von den 31 Wahlzetteln außer dem durchstrichenen Namen des Zorn 25 gültige Namen enthielten, gingen auf dem 31. Wahlzettel dem dort an letzter Stelle befindlichen durchstrichenen Namen des Genannten 26 gültige Namen voraus.

V.

Zu der öffentlich-mündlichen Verhandlung vor dem verwaltungsrechtlichen Regierungssenate am 25. April 1912 fanden sich — durch ihre bereits eingereichten Vollmachten legitimiert — für Hans Groll und seine 10 Genossen Rechtsanwalt Schleich und für Arnold Beth und Richard Ulmer Rechtsanwalt Schnell ein. Gasthofbesitzer Fritz Scheib, Bankbeamter Konrad Zorn und Kaufmann Gustav Wirsching erschienen persönlich. Friseur Eduard Wichtig und Schreinermeister Robert Fabius waren ungeachtet ordnungsmäßiger Ladung weder erschienen noch vertreten.

Der Referent erstattete über den Sachverhalt unter Verlesung der wichtigeren Aktenstücke Vortrag.

1. Rechtsanwalt Schnell führte hierauf im wesentlichen aus:

Zunächst meine er, daß der Hauptwahlkommissär gar nicht befugt gewesen sei, die von ihm durchgeführte Aussonderung vorzunehmen. Bei dieser Aussonderung habe es sich nicht mehr um einen zum Wahlvollzug gehörigen Akt gehandelt. Die mit der Aussonderung verknüpfte Entscheidung darüber, welche 12 der 14 gemeinsam gewählten Gemeindebevollmächtigten erst nach 9 und welche 2 nach 6 bzw. 3 Jahren wieder zurückzutreten haben, hätte vielmehr dem zuständigen Gemeindeorgan vorbehalten bleiben müssen. Dann wäre es auch nicht zur Anwendung eines Aussonderungsverfahrens gekommen, wie es der

Hauptwahlkommissär unter Billigung des Hauptwahlausschusses eingeschlagen habe. Der durch das Kollegium der Gemeindebevollmächtigten gutgeheißene Magistratsbeschluß, dem Hauptwahlkommissär die Vornahme der Aussonderung zu überlassen, vermöge an dem Ausschlusse der erwähnten Befugnis des Hauptwahlkommissärs nichts zu ändern.

Aber selbst angenommen, die fragliche Befugnis wäre dem Hauptwahlkommissär zugestanden, halte er weiterhin doch dafür, daß das von ihm geübte Verfahren der rechtlichen Grundlage entbehrt habe, wenn schon, was er ausdrücklich anerkenne, die dabei angewandte dreimalige Berechnung nach den Rechnungsgrundsätzen der Wahlordnung fehlerfrei durchgeführt worden sei. Denn das Verfahren des Hauptwahlkommissärs finde rechtlich in der Wahlordnung keine Stütze und es gehe nicht an, aus ihr ein durch sie nicht gedecktes Verfahren herauszubilden. Mangels Lösbarkeit der Verfahrensfrage auf dem Boden des besonderen Rechts der gemeindlichen Verhältniswahlen hätte der Hauptwahlkommissär das allgemeine Gemeindewahlrecht zu Rat ziehen sollen. Dort würde er in dem vom Verhältniswahlrecht unberührt gebliebenen und vorliegenden Falles entsprechend anwendbaren Art. 108 Abs. II (der rechtsrh. Gemeindeordnung) den Schlüssel zur richtigen Lösung der Frage gefunden haben. Der einzig gangbare Weg wäre es seines Erachtens gewesen, das Wahlergebnis bloß einmal unter Zugrundelegung der Wahl von 14 Gemeindebevollmächtigten zu ermitteln und über die Berufung auf die zwei Stellen mit nur sechs- bzw. dreijähriger Amtszeit das Los unter den sämtlichen 14 Gewählten entscheiden zu lassen. Statt dessen habe der Hauptwahlkommissär ein rechtlich ganz unhaltbares Verfahren eingeschlagen.

Nach dem Dargelegten werde sich der Antrag, das Aussonderungsverfahren des Hauptwahlkommissärs aufzuheben, rechtfertigen.

2. Gasthofbesitzer Scheib erklärte, sich den Ausführungen des Rechtsanwaltes Schnell im allgemeinen

anschließen zu wollen; er möchte ihnen nur noch kurz beifügen:

Gegen die Berechtigung des in Rede stehenden Verfahrens spreche auch sein Erfolg. Denn es habe dazu geführt, daß die zwei minderwertigen Stellen ausschließlich mit Kandidaten gerade jener Vorschlagsliste besetzt worden seien, hinter der ausweislich der auf sie gefallenen Stimmenzahl die stärkste Partei stehe.

Erwägenswert erscheine ihm ferner noch, ob nicht nach dem Grundgedanken der §§ 27—29 der Wahlordnung mit Rücksicht auf die Zugehörigkeit des Karl Fels zur Partei der Vorschlagsliste A und des Max Berg zur Partei der Vorschlagsliste B die Stelle des Fels der Liste A und die Stelle des Berg der Liste B hätte zugewiesen werden sollen, wobei dann die Auslosung der ersteren Stelle auf die gewählten Kandidaten der Vorschlagsliste A und die Auslosung der letzteren Stelle auf die gewählten Kandidaten der Vorschlagsliste B zu beschränken gewesen wäre.

3. Rechtsanwalt Schleich brachte vor:

a) Dem Gegenanwalt habe er zu erwidern:

Er wolle dahingestellt sein lassen, ob die gerügte Aussonderung einen notwendigen Bestandteil des Wahlgeschäfts vom 13. November 1911 gebildet habe oder nicht. Keinesfalls könne die Zulässigkeit ihrer Vornahme durch den Hauptwahlkommissär einem berechtigten Bedenken unterliegen, da der Hauptwahlkommissär zu der Aussonderung von den städtischen Kollegien in aller Form ermächtigt worden sei.

Des weiteren habe das Verfahren des Hauptwahlkommissärs zwar keine ausdrückliche Bestimmung der gemäß Art. 3 Abs. I des Gemeindewahlgesetzes vom 15. August 1908 ergangenen Wahlordnung für sich. Allein es sei nicht nur nicht an dem, daß die Wahlordnung dem Verfahren des Hauptwahlkommissärs entgegenstand, sondern umgekehrt habe dieses Verfahren dem das gemeindliche Verhältniswahlrecht beherrschenden Grundgedanken durchaus entsprochen. Übrigens lasse sich das bemängelte Verfahren

auch vom Standpunkt des in der Gemeindeordnung enthaltenen allgemeinen Gemeindewahlrechts vertreten. Denn es habe weder gegen eine Rechtsvorschrift noch, weil es gerecht gewesen sei, gegen den vermutlichen Willen der Wähler verstoßen und erscheine daher mindestens ebenso zulässig, als die Verfahrensart, die Rechtsanwalt Schnell zu Unrecht als die einzig anwendbare bezeichnet habe. Hätte der Hauptwahlkommissär mit Anlehnung an § 26 der Wahlordnung bestimmt, daß die Stellen des Fels und des Berg den in der Reihenfolge der gewählten 14 Gemeindebevollmächtigten den letzten bzw. vorletzten Platz einnehmenden Listenkandidaten zufallen sollen, so würde er die Zulässigkeit einer solchen Regelung gleichfalls anerkennen.

b) Dem Gasthofbesitzer Scheib antworte er:

Der eingetretene Erfolg des vom Hauptwahlkommissär eingeschlagenen Verfahrens tue seiner Gerechtigkeit keinen Eintrag. Die Zugehörigkeit des Karl Fels zur Partei der Vorschlagsliste A und des Max Berg zur Partei der Vorschlagsliste B bestreite er nicht. Doch könne hier von einer entsprechenden Anwendung der §§ 27—29 der Wahlordnung keine Rede sein. Ein beschränktes Losverfahren, wie es Scheib im Auge habe, wäre deshalb willkürlich und darum unangängig.

c) Dem Friseur Eduard Wichtig müsse er die Berechtigung zur Erhebung der Anfechtungsklage absprechen. Sei doch Wichtig am Tage der Wahl noch nicht Gemeindebürger in X. gewesen. Auch bestreite er die Zulässigkeit einer Wahlanfechtung vor der amtlichen Bekanntmachung des Wahlergebnisses. Vorsorglich behaupte er schließlich, daß nach der aktenmäßigen Feststellung des Referenten der Sitzung des Hauptwahlausschusses die Eigenschaft einer öffentlichen im Sinne des Gesetzes nicht gefehlt habe.

d) Dem Schreinermeister Fabius gegenüber bemerke er:

Bei dem Umstande, daß in der Wahlbekanntmachung des Hauptwahlkommissärs der Zeitpunkt des Beginnes der

13*

Wahl angegeben und die von den Abteilungswahlkommissären festgesetzte Wahlfrist ausreichend lang gewesen sei, könne — zumal angesichts der durch den Hauptwahlkommissär erlassenen Aufforderung an die Wähler, im Wahltermin möglichst rechtzeitig zu erscheinen — nichts darauf ankommen, daß der Hauptwahlkommissär die Bekanntmachung der Wahldauer verabsäumt habe.

Die Rüge, daß der Wahlkommissär der Wahlabteilung V keine zweite Frist festgesetzt habe, müsse schon deshalb zurückgewiesen werden, weil Fabius als Angehöriger der Wahlabteilung II nicht berechtigt gewesen sei, einen bei der Wahlabteilung V etwa vorgekommenen Verfahrensfehler zu beanstanden.

Übrigens habe es der Festsetzung einer zweiten Frist in der Wahlabteilung V nach der Wählerzahl, die festgestelltermaßen am Wahltage nachmittags 4 Uhr im gesamten Stadtbezirke abgestimmt hatte, gar nicht bedurft.

Keinesfalls wäre der Formverstoß ein wesentlicher. Noch weniger aber könnte, da mit dem Formfehler nur die Wahlhandlung der Abteilung V behaftet sein würde, die Aufhebung der ganzen Wahl in Betracht kommen.

Er beantrage die Ab- bzw. Zurückweisung der Wahleinsprachen des Beth, des Ulmer, des Scheib, des Wichtig und des Fabius.

4. Der Bankbeamte Zorn beschränkte sich darauf, seinen Antrag vom 28. November 1911 zu wiederholen, der durch das Ergebnis der Erhebungen der K. Regierung vollkommen gerechtfertigt sei.

5. Kaufmann Wirsching beantragte die Abweisung der Einsprache des Zorn. Zu deren Wirksamkeit fehle es vor allem an der Verletzung einer vorgeschriebenen Förmlichkeit oder an einer rechtswidrigen Benachteiligung des Zorn durch das Verfahren des Wahlkommissärs oder Wahlausschusses. Art. 180 der rechtsrh. Gemeindeordnung, der die Entscheidung über Anstände bei der Wahlhandlung dem Wahlausschusse übertrage, schlage nicht ein. Denn die Anwendbarkeit dieser Bestimmung setze voraus, daß

ein Anstand von einer wahlberechtigten Person erhoben worden sei, was hier nicht zutreffe.

Die Rechtsanwälte Schnell und Schleich, dann die Streitsbeteiligten Scheib, Zorn und Wirsching gaben die Entscheidung über die Pflicht zur Tragung der Kosten des Verfahrens dem Ermessen des Senats anheim.

Das Wort zu einer weiteren Ausführung wurde nicht gewünscht.

Der Vorsitzende schloß hierauf die Verhandlung und vertagte die Verkündung des Bescheides auf Donnerstag den 2. Mai 1912 vormittags 9 Uhr.

Aufgabe:

Der Regierungssenatsbescheid ist — unter Umgangnahme von einer Darstellung des Sachverhaltes — zu entwerfen. Insoferne etwa eine Wahleinsprache im Entscheidungssatze aus formellen Gründen zurückgewiesen wird, ist sie dessenungeachtet in den Entscheidungsgründen nicht nur formell, sondern auch materiell zu würdigen.